EXPRESSIONS ANIMALIÈRES

À mes proches que j'ai toujours traités de tous les noms... d'animaux
Mon loup, Mi-Puce, Chacha et *Petit Zèbre.*
Et toute ma ménagerie.

BRIGITTE BULARD-CORDEAU

EXPRESSIONS ANIMALIÈRES

CHÊNE

SOMMAIRE

Donner sa langue au chat

Les expressions sont des clins d'œil, des perles d'humour, des parts de mystère. C'est la fleur du langage, sa couleur, son éclosion. Elles s'imposent par touches et donnent sens au discours, rendent le quotidien pittoresque. Sont-elles animalières ? Elles nous mettent en tête du spectacle et de la vie. Nous voici soudain avec une taille de guêpe, des yeux de biche, un cou de girafe, des jambes de gazelle. Croiserons-nous tantôt un merle blanc, des tourtereaux ? Entendez-vous cette oie blanche se faire traiter de tous les noms d'oiseaux ? Aurait-elle vu le loup ? Les langues de vipère ont beau médire, la bave du crapaud n'atteint pas la blanche colombe.

Un vrai travail de fourmi

Un vrai travail de fourmi que de rassembler les expressions animalières. L'éventail si riche nous fait sauter du coq à l'âne, et c'est précisément ce qui donne envie de prendre la plume (d'oie). L'écriture des saynètes annonce la couleur et la version qui suit éclaire notre lanterne. Reste alors l'explication de chacune des expressions animalières (il y en a 370) dans cet ouvrage : c'est non seulement plonger dans l'histoire de notre langage, modifié et forgé dans les régions, les campagnes, les marchés, les foires, mais aussi découvrir le point de vue d'antan sur l'animal. Une vie de chien pour notre fidèle compagnon : il fut mal considéré. Et une chienne de vie pour notre greffier, plutôt chassé que caressé, sachant que l'on avait d'autres chats à fouetter.

L'animal comme bête de scène

Chaque expression présente de l'intérêt par rapport à l'animal auquel elle se réfère et c'est dans cet univers que je vous invite. Car il ne faut pas prendre les enfants du bon Dieu pour des canards sauvages, les expressions animalières ont déjà été décortiquées. Les rats de bibliothèque et célèbres érudits s'y sont attelés, tels Claude Duneton, auteur de *La Puce à l'oreille,* Georges-François Rey, signataire de *Sauter du coq à l'âne.* Il fallait un ouvrage singulier, un brin théâtral, avec l'animal comme bête de scène.

Il parade dans une pièce en sept actes, allant d'« Atmosphère » à « Vie quotidienne ». Vous y découvrirez une brochette de portraits, le jeune loup, les poulets, le vilain petit canard, une série de caractères, de la pie jacasse à l'ours mal léché, ainsi que des attitudes, bon nombre de tableaux de la société et des activités.

« Quel animal ! » dit-on en désignant une personne brute et indélicate. C'est injuste. Les idées fausses ne manquent pas. Notre langage truffé d'expressions animalières résulte de fines analyses mais aussi de véritables « âneries ». J'en viens à Cadichon. On croit l'âne imbécile, mais s'il fait l'âne pour avoir du son, il a ses raisons, il a plus d'un tour dans son sac ! Il faut donc être une peau de vache pour proférer de telles injures. Que dis-je ? La vache, pacifique bovidé – excepté pour ses coups de pied en vache –, ne ferait pas de mal à une mouche ! Pour autant, je ne donne pas ma langue au chat.

Brigitte Bulard-Cordeau

ATMOSPHÈRE

Quand les poules auront des dents

Dès potron-minet, par ce froid de canard, il n'y a pas un chat pour la randonnée. Cette relation s'est terminée en queue de poisson. Ce n'est pas la mort du petit cheval, car pour Fanny, cette union, c'est le mariage de la carpe et du lapin. Le revoir ? Jamais !

Dès potron-minet

Dès potron-minet, Iris prend la clé des champs en compagnie de Bobby. Même par temps de chien, tous deux aiment cavaler jusqu'à l'étang. Elle se met la pression pour le marathon. Et pour toucher sa bille, elle s'aligne sur son cocker. Quel charmant compagnon, d'un naturel gai, à l'allure franche, aux « pieds de chat » !

De bon matin

Iris quitte la maison dès l'aube et part avec Bobby. Même par très mauvais temps, tous deux aiment courir jusqu'à l'étang. Elle s'entraîne pour la compétition. Et pour réussir, elle suit le rythme de son cocker. C'est un adorable toutou, compagnon gai, à l'allure rapide, aux « pieds de chat ».

Dès potron-minet

Au lever du jour. Au tout début du XVIIe siècle, on disait « dès potron-jaquet ». Le premier mot, *potron,* est une contraction de *posterio* = postérieur ; le second, *jacquet,* désigne l'écureuil. Ce qui se traduit en clair par « l'heure où (se voit) le derrière des écureuils ». Car l'aube éclaire les arbres. Mais le sciuridé n'étant pas l'animal que l'on croise le plus fréquemment, et notamment en ville, on a préféré faire référence au *minet,* c'est-à-dire le chat. On est sûr de le voir de dos ou de face, de bon matin, tant il a l'estomac dans les talons.

Un temps de chien

Un très mauvais temps qui n'incite pas à sortir. Jadis le mot « chien » était mis à toutes les sauces, il était mal considéré, on le jugeait méprisable.

Avoir des pieds de chat

Des pieds fermes, aux coussinets épais. C'est le terme officiel. On le trouve dans les standards concernant certains chiens de race (cocker, bouledogue, etc.), documents établis par la Fédération Cynologique Internationale (FCI).

Entre chien et loup

Copains comme cochons, Yann et Benoît marchent en crabe dans la rue sombre. On n'y voit goutte. Comme d'habitude, entre chien et loup, il n'y a pas un chat. Arrive Bruno, qui se mêle aux deux éméchés. « Hé, on se serre la pince », baragouine-t-il d'une voix confuse en piquant un fard. Cela se voit à sa mine rouge feu : il est « saoul comme un Polonais ».

Quand vient la nuit

Très complices, Yann et Benoît marchent de côté, titubant dans la rue sombre. On n'y voit rien du tout. Comme d'habitude, quand tombe la nuit, la rue est déserte. Arrive Bruno, qui se mêle aux deux éméchés. « Hé, on se serre la main », bafouille-t-il d'une voix confuse en rougissant. En vérité, s'il a la mine toute rouge, c'est qu'il est complètement ivre.

Copains comme cochons

Très complices. Le cochon ne symbolise pas la complicité ni l'amitié. On songe plutôt à cet animal pour son « caractère de cochon ». Mais le suidé n'est pas concerné dans cette affaire. En fait, il s'agit de la transformation du mot *soçon,* dérivé de l'adjectif latin *socius* signifiant « associé, camarade », avant d'être transformé en *chochon* puis « cochon ».

Marcher en crabe

Marcher de côté. Telle est la spécificité de ce décapode, doté de dix pieds (du grec *deka,* « dix » et *podos,* « pieds »). Le crabe est équipé de cinq pattes thoraciques et d'une paire de pinces à l'avant.

Entre chien et loup

À la tombée de la nuit. On n'y voit que du feu et la pénombre engendre les confusions Entre le chien et le loup, on pourrait dire que c'est « bonnet blanc et blanc bonnet », mais chez ces deux canidés, l'un est domestique, l'autre sauvage.

Il n'y a pas un chat

Le silence est d'or à la bibliothèque. On entendrait une mouche voler. Dans l'atmosphère studieuse, on se passe le virus de la connaissance. On y vient en bandes, voire en colonies, pour dévorer les livres. Et, piégés par le temps, les rats de bibliothèque se faufilent en rangs serrés au bout du tunnel. « Il y a des jours où il n'y a pas un chat », dit un étudiant en maîtrise de félinologie[1] plongé dans *Les chats* de Champfleury jusqu'au cou.

Il n'y a personne

Le silence vaut son pesant d'or à la bibliothèque. C'est le calme absolu. L'atmosphère studieuse contamine le monde, assoiffé de savoir. On y vient en bandes, voire en colonies, pour lire avec passion. Puis, comme piégés par le temps, les érudits se dirigent en masse vers la sortie. « Il y a des jours où le lieu est désert », dit un étudiant en maîtrise de sciences félines[1] absorbé dans Les chats *de Champfleury.*

(1) Cela n'existe pas en réalité et pourtant…

Entendre une mouche voler

Un silence complet. On dit aussi « un ange passe ». Si on prête l'oreille, il est impossible d'entendre une mouche voler dans l'activité diurne. Ce bruit est perceptible si on ne ferme pas l'œil de la nuit. Alors en plein silence, le vol du coléoptère semble assourdissant.

Un rat de bibliothèque

Érudit passionné de lecture. Il dévore les pages au sens figuré tandis que le rongeur le fait au sens propre. Insatiable et glouton, le rat blanc, qui festoie de viande, pain et fromage au dessert, ne crache pas non plus sur le papier. Il est à l'aise dans une bibliothèque parmi les nourritures intellectuelles. Certes, il assimile à sa manière votre encyclopédie universelle ou votre journal intime. Mais n'est-il pas un grand cerveau ? Il a l'art de se tirer d'affaire dans n'importe quelle situation. L'écrivain Graham Greene assure que « les rats sont des créatures d'une intelligence supérieure ».

Il n'y a pas un chat

Il n'y a pas âme qui vive. Jadis on laissait le chat se reproduire, ignorant les pratiques de stérilisation. Du coup, les nombreux chats errants investissaient tous les lieux au point qu'un endroit sans chat était rare. D'où cette expression qui évoque le désert.

Une hirondelle ne fait pas le printemps

Le déluge épargne les enfants, tous revêtus de leur pelure jaune poussin.
– Il pleut, il mouille, c'est la fête à la grenouille, chantent-ils en chœur.
– Sacrebleu, fait Gaston, il pleut comme vache qui pisse !
– Le diable bat sa femme et marie sa fille, affirme Mélanie.
– Diable, la saison commence mal ! peste Gaston.
– Une hirondelle ne fait pas le printemps, rassure Mélanie.

Ne tirons pas de conclusions hâtives

Les enfants sont bien protégés de cette pluie diluvienne, tous dans leur ciré de couleur jaune poussin.
– Il pleut, il pleut, c'est la fête à la grenouille, chantent-ils en chœur.
– Sacredieu, dit Gaston, il pleut énormément.
– C'est seulement une averse, affirme Mélanie.
– Diable, la saison commence mal ! dit Gaston en colère.
– N'exagérons rien, il ne faut pas généraliser, rassure Mélanie.

Il pleut, il mouille, c'est la fête à la grenouille

Cette comptine montre que la grenouille aime l'eau, les giboulées de mars, les courtes averses ou les pluies incessantes, et aussi la mare où elle fait son tintamarre. Elle coasse et on l'entend à un demi-kilomètre de distance. Ce batracien annonce d'une même voix le printemps et la pluie.

Une hirondelle ne fait pas le printemps

Un seul exemple ne permet pas de généraliser. « Un seul acte moral ne fait la vertu », écrit Aristote (384-322 avant J.-C.) qui a inspiré Pierre de Ronsard (1524-1585) : « Le printemps ne se fait d'une seule arondelle. » En effet, l'hirondelle ne voyage jamais seule, elle est toujours en bande, s'envole pour une longue migration dans les pays chauds, revient en groupe. Alors le vol d'hirondelles, symbole de renouveau, suscite l'enchantement, mais une seule hirondelle n'est pas un indice météorologique fiable pour marquer la fin de l'hiver.

Il pleut comme vache qui pisse

Il pleut à verse, c'est le déluge. L'expression est née au XIXe siècle et serait dérivée de « pleurer comme une vache », qui aurait engendré « pleurer comme un veau ». Prosaïquement, si vous observez une vache en train d'uriner, attendez-vous à un jet diluvien.

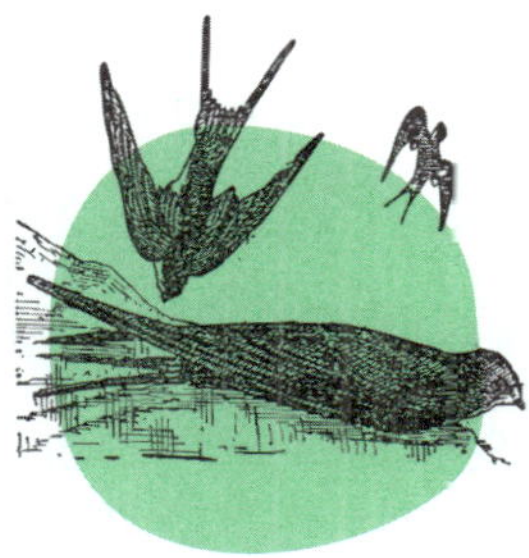

La nuit tous les chats sont gris

Les deux tourtereaux s'aiment d'amour tendre. Le couvre-chef sur les oreilles, Angelina se niche tout près de son soupirant et, la tête dans les étoiles, fixe la Grande Ourse.

– Ne serait-ce pas plutôt le Grand Chien ? demande-t-elle entre deux smacks.

– Qu'importe ! La nuit tous les chats sont gris, susurre-t-il d'une voix d'alcôve.

Quelle confusion !

Les deux amoureux sont très épris l'un de l'autre. Le bonnet sur les oreilles, Angelina s'approche de son fiancé et, émerveillée, fixe la Grande Ourse.

– Ne serait-ce pas plutôt la constellation du Grand Chien ? demande-t-elle entre deux baisers enflammés.

– Qu'importe, dans le noir, tout est semblable ! susurre-t-il d'un ton énamouré.

Deux tourtereaux s'aimaient d'amour tendre

« Deux pigeons s'aimaient d'amour tendre », écrit La Fontaine. L'*Almanach des Muses* de Charles Minot, en 1808, mentionne : « Deux tourtereaux s'aimaient d'une égale tendresse. » La fidélité absolue est une caractéristique comportementale chez les columbidés (pigeons, tourterelles).

La Grande Ourse

Constellation de l'hémisphère Nord. Dessinée par l'astronome Johannes Hevelius, au XVIIe siècle, elle a réellement la forme d'un ours. Quant à la Petite Ourse, encore appelée étoile Polaire, selon un mythe, elle ne serait pas une ourse mais un chien. D'où l'autre nom de *cynosure*, « queue du chien » !

Le Grand Chien

L'une des plus anciennes constellations. Elle possède l'étoile la plus brillante du ciel : Sirius. Il existe également le Petit Chien, constellation boréale dont la principale étoile est Procyon.

La nuit tous les chats sont gris

La confusion est totale, sans « lumière » ou explication, on comprend moins bien les faits. Ce proverbe daterait du XVe siècle. Dans l'obscurité, on distingue mal les couleurs. Tous les chats se ressemblent. Ils apparaissent gris, qu'ils soient noirs, roux, unis ou mouchetés. Beauté, jeunesse, apparence sont dissimulées aux regards. Comment ne pas se méprendre ?

Quand les poules auront des dents

Victor, habitué à faire le coq, cherche l'âme sœur sur la Grand-Place.
– Et votre tendre et chère, allez-vous bientôt lui mettre la bague au doigt ? demande son voisin Georges.
Chargé comme une mule, il a bien failli tomber les quatre fers en l'air en passant sur un dos d'âne.
– Quand les poules auront des dents ! ricane le vieux renard. Je n'ai pas envie de me laisser tondre la laine sur le dos.

Jamais, au grand jamais !

Victor, fieffé crâneur, voudrait rencontrer une fille à son goût. Il attend sur la Grand-Place.
– Et votre douce amie, allez-vous bientôt l'épouser ? demande son voisin Georges. Portant plein de courses et de paquets, il a bien failli s'écrouler en passant sur la route bosselée.
– Jamais de la vie ! ricane l'homme rusé. Je n'ai pas envie d'être exploité et que l'on me prenne tout mon argent.

Être chargé comme une mule

Porter une lourde charge. La mule, née de l'âne et de la jument, est fortement charpentée. Cet animal hybride transporte jusqu'à 70 kilos. L'équipement permet d'équilibrer la charge sans faire souffrir. Le bât est fixé à l'aide de sangles sous le ventre.

Un dos d'âne

Surélévation de la chaussée qui incite à ralentir ; jonction des deux pentes d'un pont très arqué (dos-d'âne). Ces figures s'inspirent du dos de l'âne chargé, dessinant deux monticules.

Quand les poules auront des dents

Jamais. Expression de la fin du XVIIIe siècle. Aucune dent n'est jamais apparue chez un gallinacé, au bec doté de deux mandibules, hormis chez son très vieil ancêtre du temps des dinosaures, l'archéoptéryx. On est vraiment très loin de la domestication de la poule, introduite en Europe au VIe siècle avant notre ère.

Un vieux renard

Expérimenté et malin par la force de l'âge. Goupil, le célèbre rouquin de la littérature du XIIe siècle (avec le *Roman de Renart*, notamment), est le symbole de la ruse. Le terme de vieux renard est souvent utilisé dans le monde de la politique et des affaires.

Se laisser tondre la laine sur le dos

Se laisser exploiter sans réagir. Il n'y a aucune agressivité de la part des brebis au moment de la tonte, ce sont des animaux dociles. Cette expression trouve sa pleine illustration lorsque les oiseaux (corbeaux, etc.) viennent arracher la laine sur le dos des ovins afin de confectionner leur nid. D'où l'idée de passivité associée à cette expression.

Un froid de canard

« Les enfants, par ce froid de canard, vous allez rester entre quatre murs. Installez-vous pour jouer aux petits chevaux », dit tante Élisa. Elle n'a qu'une envie : qu'on lui lâche les baskets. Parfois, les bambins lui cassent du sucre sur le dos. Elle met des œillères. Les chiens aboient, la caravane passe. Et tant pis si elle prête le flanc à la critique, elle préfère laisser pisser le mérinos.

Un temps glacial

« Brr, brr, brr ! Les enfants, par ce froid hivernal, vous allez rester à l'intérieur. Installez-vous pour jouer aux petits chevaux », dit tante Élisa. Elle n'a qu'une envie : qu'on la laisse tranquille. Parfois, les bambins la critiquent. Elle fait comme si elle n'était pas au courant. Elle ne veut pas entendre leurs reproches. Et tant pis si elle donne prise aux attaques, elle préfère ne pas réagir.

Un froid de canard

Un froid très vif et mordant, à la limite du supportable. Lorsque le thermomètre est en chute libre, les anatidés prennent leurs quartiers d'hiver en migrant vers les pays chauds tels l'Afrique, l'Espagne, etc.

Jouer aux petits chevaux

Jeu de société qui consiste à déplacer les pions en forme de chevaux sur un plateau de bois avec un tablier en croix. Il est apparu en France en 1936 et est sans doute inspiré du *Pachisi* indien. Ce jeu existe actuellement en ligne.

Avoir (mettre) des œillères

Se voiler la face. Les œillères dont on équipe le cheval limitent sa vision de côté pour éviter la peur et ses réactions brutales. Seul un cavalier chevronné maîtrise un cheval effrayé.

Les chiens aboient, la caravane passe

Rester sourd aux injures. Ce proverbe arabe rappelle que les chiens montaient la garde à l'entrée des villages et alertaient les habitants au passage d'une caravane. Les chameaux, quant à eux, continuaient tranquillement leur chemin sans être perturbés par les chiens. Par extension, cela exprime le flegme d'une personne face aux cris ou aux injures.

Laisser pisser le mérinos

Laisser faire. Quelle que soit la race de l'ovin, Mérinos, Rouge du Roussillon, etc., il est vain de vouloir l'empêcher d'avoir une miction et d'agir contre nature. Le Mérinos est une race de mouton d'origine nord-africaine. À la Bergerie nationale de Rambouillet, ce mouton à la toison épaisse et à la laine très fine est tondu chaque année. Au début, il y avait « laisser pisser la bête », locution datant du XIXe siècle (et peut-être avant). Les personnes qui menaient des attelages devaient s'arrêter pour laisser leurs animaux faire leur petit besoin. Pendant ces arrêts, les cochers ou conducteurs d'attelages et les passagers se détendaient, d'où cette expression qui exprime la détente, voire le laxisme.

Un temps à ne pas mettre un chien dehors

Il tremblait comme une feuille malgré sa veste en peau de mouton et ses moufles. Il faisait un temps à ne pas mettre un chien dehors. Mais pour rien au monde, Maurice n'aurait rebroussé chemin. Il avait une barbe de huit jours et sentait le bouc à plein nez. De quoi attirer les mouches !
Mon air dégoûté lui extirpa une larme.
Puis il se mit à pleurer comme un veau.

Quel temps épouvantable !

Il tremblait et frissonnait malgré sa veste en peau de mouton et ses moufles. Il faisait un temps abominable. Mais pour rien au monde, Maurice n'aurait fait demi-tour. Il n'était pas rasé depuis huit jours et dégageait une odeur aigre épouvantable. La pourriture fait venir les mouches. Voyant mon air dégoûté, il fut ému aux larmes et se mit à sangloter.

Une peau de mouton

Habit chaud et naturel qui provient de la laine extraite de la tonte des ovins.

Un temps à ne pas mettre un chien dehors

Un très vilain temps. Dans les campagnes, le chien dormait dehors, attaché, mais lorsqu'il neigeait ou ventait, il eût mieux valu qu'il se mît à la niche.

Sentir le bouc

Sentir mauvais, dégager une odeur âcre. Le mâle de la chèvre ne sent pas la rose surtout s'il s'agit d'un bouc entier (non castré). Dans les pratiques de sorcellerie, le bouc reflète l'image du diable. Il se fait embrasser sur le derrière pendant le sabbat. Est-ce pour cela que l'on dit « sentir le bouc » ?

Attirer les mouches

Être sale ou malodorant au point de faire venir les mouches. Certaines espèces de mouches sont attirées par les excréments comme le scatophage du fumier (*Scathophaga stercoraria*). D'où l'expression vernaculaire, vulgaire et dégoûtante de « mouche à merde ».

Pleurer comme un veau

Pleurer abondamment sans interruption et avec grand bruit. Le meuglement du jeune bovin, très attaché à sa mère et vite séparé de sa génitrice, a sans doute inspiré cette expression. Chez le veau comme chez tout autre animal en souffrance, il n'y a pas de pleurs ni de larmes, mais un gémissement répétitif.

Le mariage de la carpe et du lapin

Fine mouche, la députée déclare à l'issue d'une interminable réunion avec l'opposition :
– La montagne a accouché d'une souris !
Curieux comme un chat, un journaliste veut en savoir plus :
– C'est le mariage de la carpe et du lapin, explique-t-elle.
Au restaurant, les députés, réunis à nouveau, se regardent en chiens de faïence. Ambiance !

Une impossible alliance

Subtile, la députée déclare à l'issue d'une interminable réunion avec l'opposition :
– C'est un piètre résultat pour un si grand projet !
D'une insatiable curiosité, un journaliste veut en savoir plus :
– C'est l'union d'éléments incompatibles, explique-t-elle.
Au restaurant, les députés, à nouveau réunis, se jettent des regards d'une froideur hostile. Ambiance !

Une fine mouche

Quelqu'un de subtil, rusé. Non pas que ce coléoptère ait une intelligence supérieure, mais la mouche est vive. Elle esquive les coups de torchon et ne se laisse pas attraper aisément. Cette agilité donne son sens à cette expression apparue au XVe siècle et qui caractérise un esprit observateur, astucieux et fin.

La montagne a accouché d'une souris

Un bien maigre résultat pour un dessein ambitieux. La naissance d'une souris, eut-elle le joli museau de Minnie, est minime. On s'attend à « une Cité plus grosse que Paris », dans « La Montagne qui accouche » de La Fontaine. Nous sommes au XVIIe siècle : le fabuliste serait-il visionnaire en imaginant le XXIe siècle et le Grand Paris ?

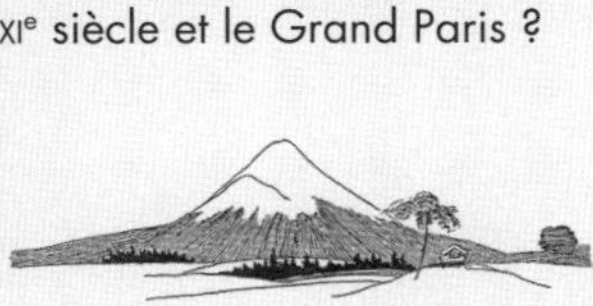

Curieux comme un chat

Vif, éveillé, toujours aux aguets. À la maison, *L'Espion aux pattes de velours* a l'œil sur tout. De notre programme, comme de notre âme, le chat connaît le moindre détail.

Se regarder en chiens de faïence

Rester immuable face à quelqu'un. Jadis les cheminées étaient ornées de paires de chiens de faïence, placées l'une en face de l'autre, se regardant fixement, à l'infini, prêts à bondir peut-être, ce qui explique sans doute le sentiment d'hostilité diffus propre à cette expression.

C'est le mariage de la carpe et du lapin

Alliance impossible, couple mal assorti. Un poisson et un mammifère ne peuvent s'unir. S'ils font bon ménage, c'est en s'ignorant l'un l'autre. Autant dire que cela ne colle pas.

Ce n'est pas la mort du petit cheval

La mine déconfite, William regarda son poulain.
Était-ce la dernière séance ?
– Ce n'est pas la mort du petit cheval,
voulut rassurer le chanteur.
Mais l'impresario ajouta que ce n'était pas
la période des vaches grasses. Et il déchira
le contrat. Quel blaireau ! pensa le poète.

Est-ce la fin des haricots ?

L'air déçu, William regarda celui sur lequel il avait misé gros. Était-ce la dernière séance ?
– Il y a encore de l'espoir, voulut rassurer le chanteur.
Mais l'impresario ajouta que l'époque était difficile.
Et il déchira le contrat. Quel traître ! pensa le poète.

Un poulain

Personne sur laquelle on mise gros. Dans le milieu équestre, on fonde ses espoirs sur un poulain qui présente des qualités esthétiques ou de vitesse.

Ce n'est pas la mort du petit cheval

Il y a encore de l'espoir. L'expression est née dans le domaine des courses. Tant qu'un futur crack n'est pas mort, on peut avoir des chances de gagner des sommes importantes. On dit également « la mort du petit cheval » pour définir une situation qui a mal tourné, un événement qui se termine mal.

La période des vaches grasses

Époque d'abondance. La médaille a son revers : la période des vaches maigres, qui signifie pauvreté et privation. Dans l'Ancien Testament, on lit le rêve prémonitoire de Pharaon : sept vaches grasses émergent du Nil, suivies de sept vaches maigres. Joseph, fils de Jacob, décrypte le songe. L'Égypte, après sept années d'abondance, vivra autant d'années de disette. Joseph sera chargé de gérer le stockage des aliments.

Un blaireau

Selon le *Larousse*, il s'agit d'un « individu conformiste, niais, borné ». C'est une personne haïe pour son action souterraine. Le blaireau porte le nom de Gimbert dans le *Roman de Renart*. Ce plantigrade, animal fouisseur, est mal aimé des gens de la terre. Pourtant il dévore cent kilos de vers de terre par an. Le plus gros mustélidé d'Europe s'attaque aux nids de guêpes, se nourrit de limaces et serpents.

Cela ne vaut pas un pet de lapin

Comment décrypter les pattes de mouche sur ce torchon ? Une loupe n'est guère plus utile. Élise n'aime pas le travail de gougnafier.

– C'est de la bouillie pour les chats, dit-elle.

– Une vraie punaise, maugrée Mathieu en chaussant ses lunettes. Les verres sont grands mais ne cachent pas son bec-de-lièvre.

– Pour être franche, insiste Élise, cela ne vaut pas un pet de lapin.

Ni fait ni à faire

Comment décrypter cette vilaine écriture sur ce brouillon ? Une loupe n'est guère plus utile. Élise n'aime pas le travail de bon à rien.

– Cela n'a aucun intérêt, aucune valeur, dit-elle.

– Une méchante, maugrée Mathieu en mettant ses lunettes. Les verres sont grands mais ne cachent pas le défaut de sa mâchoire.

– Pour être franche, insiste Élise, cela ne vaut strictement rien.

De la bouillie pour les chats

Cela n'a aucune valeur. Cette nourriture est inconsistante pour le petit félin. Un carnivore a besoin de planter les crocs dans une alimentation carnée, constituée de morceaux ou sous forme de croquettes.

Une punaise

Une femme méchante. Allusion est faite à cet insecte hémiptère de la famille des pyrrhocoridés. Cette punaise polyphage dévore ses proies. Elle est encore appelée « gendarme », « diable cherche-midi », « soldat », etc.

Un bec-de-lièvre

Malformation de la lèvre supérieure. Cette fente labio-palatine ressemble à la bouche du léporidé, dont la lèvre supérieure est fendue en deux. Le mot « bec » est réservé d'ordinaire aux volatiles et non aux mammifères. Cependant, on l'emploie pour le dauphin dont le rostre peut être long ou court selon l'espèce. Le dauphin commun à long bec *Delphinus capensis* ou le dauphin commun à bec court *Delphinus delphis.*

Ne pas valoir un pet de lapin

Ne rien valoir du tout. Cela équivaut à l'expression « de la roupie de sansonnet » ou « de la crotte de bique ». Tout excrément ou fiente n'a aucune valeur (marchande). Un travail, un objet, un discours comparé à un pet de lagomorphe, c'est du vent.

Ne pas réveiller le chat qui dort

À la cantine, les deux collègues de bureau, Martin et Félicie, aiment discuter entre la poire et le fromage. Sujet favori : leur patron.
– Ce n'est pas un as de la communication, dit Martin.
– On dit que c'est un ours solitaire, répond Félicie.
– Il en a tout l'air, et il ne faut pas réveiller le chat qui dort ! conclut Martin.

Pas de remue-ménage !

À la cantine, les deux collègues de bureau, Martin et Félicie, aiment discuter en fin de repas. Leur sujet de prédilection : parler du patron.
– Ce n'est pas un grand bavard, dit Martin.
– On dit que c'est un homme seul et célibataire, répond Félicie.
– C'est cela apparemment, et il faut laisser les choses telles qu'elles sont ! conclut Martin.

Un ours solitaire

Un solitaire bourru. Cela s'applique généralement à un vieux garçon, célibataire endurci, qui fuit le monde. L'expression se réfère à l'ours, qui ne recherche pas ses congénères, dont le grognement évoque la mauvaise humeur. Malgré la douceur qu'il symbolise dans l'esprit des petits qui étreignent les peluches à son effigie, le plantigrade ne se laisse pas approcher.

Il ne faut pas réveiller le chat qui dort

Il ne faut pas bouleverser le cours des choses. C'est une évidence dans le monde scientifique. Le sommeil assure l'équilibre de l'organisme. Réveiller un chat qui dort, c'est révolutionner son métabolisme et troubler sa félinité. Profoncément endormi, on le croit inerte. Or il exécute des mouvements saccadés. Sursauts légers, moustaches frémissantes, tremblements de pattes… Que signifie ce remue-ménage ? C'est que son cerveau est toujours en activité. En effet, chez le chat, le sommeil n'est pas de tout repos. Il comprend plusieurs phases : l'endormissement, qui occupe une période ultra-courte ; le sommeil léger (50 % du temps) ; le sommeil profond, pendant lequel le chat relâche ses muscles, et le sommeil paradoxal (25 %). Tout est réglé comme du papier musique.

C’est le pavé de l’ours

L’enfer est pavé de bonnes intentions, songe madame Beaumont à la fin de la cérémonie. Non, sa fille Adélaïde n’est pas à son avantage dans sa robe de mariée multicolore.
– C’est le pavé de l’ours, dit son mari. La styliste avait proposé une pièce unique. Ainsi voulait-elle que notre fille n’ait pas l’air d’une communiante.
– J’eusse préféré cela à un perroquet, dit madame Beaumont.

Ça finit mal

Les bonnes pensées donnent les pires résultats, songe madame Beaumont à la fin de la cérémonie. Non, sa fille Adélaïde n’est pas du tout mise en valeur dans sa robe de mariée multicolore.
– C’est une bonne intention qui a mal tourné, dit son mari. La styliste avait proposé une pièce unique. Elle assurait que notre fille n’aurait pas l’air d’une jeune communiante.
– J’aurais préféré ! Elle ressemble à un oiseau exotique, dit madame Beaumont.

C'est le pavé de l'ours

Une intention louable qui tourne mal. L'expression s'inspire d'une fable de La Fontaine, « L'Ours et l'Amateur des jardins ». Il s'agit de deux solitaires, menant vie commune, un vieil homme et un ours, ce dernier faisant office d'émoucheur, c'est-à-dire chasseur de mouches. Voici ce qui est arrivé :

« Un jour que le vieillard
dormait d'un profond somme,
Sur le bout de son nez
une allant se placer
Mit l'ours au désespoir ;
il eut beau la chasser.
« Je t'attraperai bien, dit-
il, et voici comme. »
Aussitôt fait que dit : le
fidèle émoucheur
Vous empoigne un pavé,
le lance avec roideur,
Casse la tête à l'homme
en écrasant la mouche ;
[...]
La morale de cette histoire :
Rien n'est si dangereux
qu'un ignorant ami ;
Mieux vaudrait un
sage ennemi. »

Un perroquet

Personne qui répète tout ce qu'elle entend. C'est le propre du psittacidé. Néanmoins, parmi les 320 espèces, il n'y a pas que des oiseaux parleurs. Si le Jaco, un vrai petit rapporteur que ce Gris du Gabon, a l'art de répéter trois à quatre expressions entendues, sans compter les gros mots, la charmante perruche ondulée est une tombe : elle ne répète rien. Mais on peut la faire chanter !

Le miroir aux alouettes

Michel franchit le seuil de la boutique et se trouva devant le miroir aux alouettes. Tandis qu'elle faisait le pied de grue, il lui fit chapeau bas. La poule de luxe avait beau ne pas prendre de gants avec les gens, elle piqua un fard et consentit au baisemain.

Michel se fait piéger

Il pénétra à l'intérieur de la boutique et se trouva pris dans un piège. Tandis qu'elle attendait debout depuis un certain temps, il la salua avec respect. La femme légère et embourgeoisée avait beau rester nature avec les gens, elle rougit et accepta un baiser sur la main.

Le miroir aux alouettes

Piège. L'expression du début du XXe siècle provient du monde de la chasse. Ce matériel n'est plus utilisé aujourd'hui. Il s'agit d'un morceau de bois évoquant l'oiseau en vol. Des éclats de miroir y sont collés afin que le scintillement au soleil attire les petits oiseaux. Ils tombent dans le panneau.

Faire le pied de grue

Attendre debout. Le verbe *gruer* au XVIIe siècle signifiait « attendre ». On songe à l'oiseau aux longues pattes qui vit dans les landes et les marais. La grue marche à pas rapides et courts. Lorsqu'elle vole en groupe, il y a toujours un oiseau placé à l'arrière qui, pattes et cou tendus, attend de remplacer le guide. Est-ce l'origine de « faire le pied de grue » ? Il se peut que cette idée de relais, qui consiste à passer son tour à l'autre, ait donné le mot « grue » désignant une prostituée sur le trottoir.

Une poule de luxe

Séductrice qui vit grassement de ses charmes. Le mot « poule » désigne la femme qui s'efforce d'attirer le sexe opposé.
La notion de luxe indique qu'elle œuvre dans les milieux fortunés. Chez les volailles, on distingue les poules de basse-cour, bonnes pondeuses, et les poules d'ornement, jolies et colorées, très prisées dans les pavillons dotés de petites cours.

C'est du lard ou du cochon

– Araignée du soir, espoir ! s'exclame joyeux
et confiant le jeune homme invité à une soirée.
– Il y a anguille sous roche, chuchote la vieille fille.
– Certes, mais s'ils continuent l'un et l'autre
à jouer au chat et à la souris, il restera Gros-Jean
comme devant, répond Jacqueline.
Les années passent, la conversation lasse
et l'on se demande toujours si cette histoire-là,
c'est du lard ou du cochon.

Que faut-il croire ?

– Tiens ce soir il y a une araignée, c'est signe d'espoir ! s'exclame joyeux et confiant le jeune homme invité à une soirée.
– Il y a quelque chose qui se trame en secret, chuchote la vieille fille.
– Certes, mais s'ils continuent l'un et l'autre à ne jamais se retrouver et se fuir, il restera bredouille, répond Jacqueline.
Les années passent, la conversation est devenue monotone et ennuyeuse et l'on se demande toujours à quoi s'en tenir dans cette histoire-là.

Araignée du soir, espoir !

Le dicton exact est le suivant : « Araignée du matin, chagrin, araignée du midi, souci, araignée du soir, espoir. » Il semble que cela fasse allusion à la météo. Une araignée qui est à l'ouvrage le matin n'est pas importunée par la rosée, laquelle est absente. Cela annonce la pluie à venir, voilà qui est affligeant. L'araignée en milieu de journée indique que la pluie se prépare, quel souci ! C'est déplaisant de sortir sous la pluie. Mais le soir, l'araignée indique que le beau temps persiste. Voilà donc les lendemains qui chantent !

C'est du lard ou du cochon

On ne sait pas à quoi s'en tenir. On ne sait pas forcément où est la frontière qui distingue ces deux éléments. En effet, si le lard est le gras fourni par la viande de porc et si le cochon est le suidé bien grassouillet que l'on mange, où est la différence ? Mais si le lard est le gras du cochon et le cochon que l'on a en face de soi, le mignon cochon rose debout sur ses quatre pattes avec sa queue en tire-bouchon, alors ce n'est pas du tout pareil. On s'y perd en conjectures et c'est exactement le sens de cette expression qui en résumé nous interpelle : vous me prenez pour une andouille ?

La puce à l'oreille

Il tenait le haut du pavé. Il n'empêche, on lui tenait la dragée haute. Mais un détail lui mit la puce à l'oreille. Arnault se demanda s'il n'était pas tombé dans un panier de crabes. Et avec la tête de mule qu'on lui connaît, il quitta l'assemblée. Affaire classée. Illico presto.

L'indice

Il faisait partie du grand monde. Il n'empêche, on le faisait languir après lui avoir promis la lune. Mais un détail éveilla son attention. Arnault se demanda s'il n'était pas dans un milieu nuisible où l'on se critiquait les uns les autres. Et têtu comme il est, il quitta l'assemblée. L'affaire fut réglée en deux temps trois mouvements.

Avoir la puce à l'oreille

Saisir un indice pour en savoir plus ; être averti. Claude Duneton dans *La Puce à l'oreille* en donne l'historique. Faut-il situer l'expression à l'époque où les parasites infestaient les foyers, pauvres chaumières ou palais princiers ? Alors, cela n'avait rien d'exceptionnel. Imaginons une puce qui nous gratte l'oreille. À cet endroit, on ne saurait rester inerte. Cela fait automatiquement réagir. Et du coup, on tend l'oreille vers ce qui se passe.

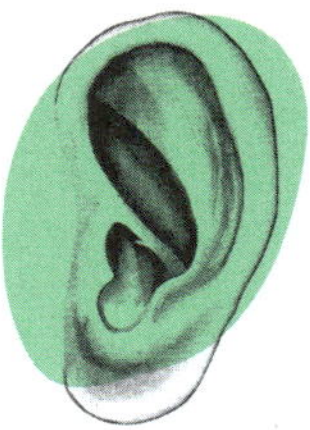

Un panier de crabes

Rassemblement d'individus qui cherchent à se nuire. Songeons aux crustacés mis dans un panier. Tout naturellement, nul ne s'épargne, et à coups de pinces, on s'égratigne sans façon.

Une tête de mule

Quelqu'un de têtu, obstiné. La mule, qui rendait un fier service en portant les paniers, bagages, caisses de nourriture, s'exprime à sa manière quand elle en a assez. Elle s'arrête en plein chemin, et plus elle est maltraitée, moins elle est décidée à reprendre la route. Quel caractère ! C'est la révolution silencieuse.

En queue de poisson

Chez les Durant, c'est Marie qui porte la culotte.
« Une culotte de cheval », ironise René qui se trouvait invité à dîner.
Il se conduit comme un porc, pense le mari.
Quel babouin ! songe Marie, en faisant volte-face.
La conversation se termina en queue de poisson.

La débandade

Chez les Durant, c'est Marie qui dirige le couple.
« Elle a un gros postérieur », ironise René, invité à dîner.
Il est fort mal éduqué, pense le mari.
Quel primate !, songe Marie, se retournant pour lui faire face.
Déception ! La conversation se termina sur des propos décousus et qui n'avaient aucun sens.

Une culotte de cheval

Élargissement des cuisses et fessiers. Cet aspect disgracieux de la morphologie est dû à une accumulation de graisse ou à l'absence de sport. La référence au cheval n'est pas forcément justifiée à moins qu'il ne s'agisse d'un cheval de trait à la croupe forte et large. Le pur-sang ou demi-sang possède une croupe harmonieuse.

Se conduire comme un porc

Manquer d'éducation. Là encore, le porc, dans cette image négative, fait office de bouc émissaire. On fait supporter à cet animal tout ce qui est humiliant, sale, dégoûtant.

Un babouin

Un obsédé sexuel. Ainsi nomme-t-on le primate *Homo erectus,* c'est-à-dire l'homme. Il est d'aspect poilu et repoussant. Il se prend pour le mâle dominant. Il courtise les femmes qu'il trouve en allant d'un harem à l'autre.

Se terminer en queue de poisson

S'achever d'une façon absurde et décevante. On pourrait croire que cela n'a ni queue ni tête. Au Ier siècle avant J.-C., au début de *L'Art poétique,* Horace compare l'œuvre d'art dépourvue d'unité à un beau buste de femme monté sur une queue de poisson : « De sorte que le haut soit d'une femme aimable, et le bas représente un poisson effroyable. » On songe à une sirène, si déroutante. Le marin s'émerveille à la vue de la poitrine, et le rêve s'arrête. Le pauvre diable a-t-il l'impression qu'on lui fait prendre des vessies pour des lanternes ?

PORTRAITS

Le pigeon

Associé aux bœuf-carottes et aux poulets, John est le vilain petit canard. S'il continue ainsi à regarder les mouches voler, il deviendra vite le bouc émissaire. Quel ramier ! Sa mère en a la larme à l'œil. Son poussin, c'était un jeune loup. Au commissariat, il s'est transformé en cloporte.

Le bouc émissaire

Annie exagère. Alain lui sert de bouc émissaire. Elle n'y va pas par quatre chemins. Lorsqu'elle le traite de porc, c'est la goutte d'eau qui fait déborder le vase. Indigné, Alain lui rétorque : « Qui veut noyer son chien, l'accuse de la rage ! » Et il claque la porte.

La tête de Turc

Annie va trop loin. Elle accuse Alain de tous les maux. Elle n'hésite pas à le traiter de mal élevé. Elle dépasse les bornes. Choqué, énervé, Alain lui dit : « Tout prétexte est bon pour te débarrasser de moi. »
Et il fiche le camp.

Servir de bouc émissaire

Personne pénalisée par la faute des autres. Dans la Bible (Lévitique, XVI, 20-22), le Jour des Expiations – Yom Kippour –, un bouc est chargé de tous les péchés du monde de manière symbolique. Le prêtre envoie le caprin se perdre dans le désert.

Traiter quelqu'un de porc

Traiter quelqu'un d'indigne, de très mal élevé. Le mot « porc » a une connotation dégradante : vulgaire, dégoûtant, obsédé sexuel, mal éduqué, n'ayant aucun savoir-vivre, faisant des taches sur ses vêtements, etc. Cet animal n'est pas en odeur de sainteté. Pourtant élevé dans un endroit sain, il est propre comme un sou neuf.

Qui veut noyer son chien, l'accuse de la rage

Tout motif est valable pour se séparer de quelqu'un. Au XIIIe siècle on disait : « qui bon chien veut tuer, la raige li met seure ». Le vaccin contre la rage n'existait pas et cette épizootie (qui contamine l'homme) étant mortelle, l'accusation était prise au sérieux. Aujourd'hui, elle est obsolète. Chez nous, la rage est éradiquée. Et pour passer les frontières, le chien ou le chat est obligatoirement vacciné contre la rage.

Le vilain petit canard

– Il faut appeler un chat un chat, dit la maman à son petit garçon de huit ans. Tu es sale comme un cochon.
Mais Tom s'en moque. Cela glisse comme l'eau sur les plumes d'un canard.
– Si tu continues à faire une toilette de chat, poursuit sa maman, je te baigne dans la mare.
Tom fait la sourde oreille. Il n'est pas pressé de se jeter à l'eau. Oh ! le vilain petit canard !

Jamais comme tout le monde

– Il faut dire la vérité, dit la maman à son petit garçon de huit ans. Tu n'es pas propre du tout.
Mais Tom s'en moque. Ces remarques ne lui font aucun effet.
– Si tu continues à te laver si peu, poursuit sa maman, je te baigne dans la mare.
Tom fait mine de ne pas entendre. Il n'est pas pressé d'y aller. Celui-là, il n'est vraiment pas comme tout le monde !

Sale comme un cochon

Vraiment pas net. On s'imagine le cochon les pieds dans ses déjections, mais cet animal est propre en réalité et ne déteste pas un filet de douche.

Cela glisse comme l'eau sur les plumes d'un canard

Laisser indifférent. L'eau n'importune pas le canard. Sur ses plumes, qu'il nettoie avec son bec, il étale un produit imperméabilisant sécrété par la glande uropygienne.

Une toilette de chat

Une toilette sommaire, rapide. Erreur ! Le chat s'applique. Il se lèche à l'aide de sa langue rugueuse. Sa patte lui sert de gant de toilette, qu'il mouille de sa salive… un savon porte son nom : Le Chat !

Le vilain petit canard

Individu différent des autres. L'expression est tirée du conte d'Andersen (1842) du même nom. Un œuf abandonné est couvé par une cane. À l'éclosion, le poussin ne ressemble pas à ses frères et sœurs de couvée. Il sera rejeté de tous, moqué, attaqué. Un jour, il aperçoit des cygnes au loin, se mêle à eux. Il se mire dans l'eau, il n'a rien d'un canard : c'est devenu un cygne magnifique, qui sera aimé de tous.

Les bœuf-carottes

Les bœuf-carottes ont les dents longues.
Ils voudraient gagner du galon. Pour cela,
il faut taper un grand coup. Ils rappellent
aux sous-fifres :
« L'homme est un loup pour l'homme !
Enfoncez-vous ça dans le crâne. On est
dans un monde de requins. »
Pour les poulets, c'est évident, il va falloir
jouer le rôle du renard dans le poulailler.

Les superflics

*Les policiers haut placés ont de l'ambition. Ils voudraient
s'élever en grade. Pour cela, il faut savoir épater.
Ils rappellent aux sous-fifres :
« L'homme dévore ses frères ! Assimilez bien
cette théorie. On vit dans un univers de méchants. »
Pour les gendarmes, c'est évident, il va falloir
sans vergogne s'attaquer aux plus faibles.*

Les bœuf-carottes

La police des polices. Il s'agit de l'inspection générale des services. Il n'y a guère de lien avec le bovidé. Excepté le fait qu'en cuisine, le bœuf aux carottes mijote longtemps. On songe alors au dialogue de Philippe Noiret dans *Les Ripoux* :

– Pourquoi les bœuf-carottes ?

– Parce que, quand ils te tiennent, ils te font mijoter à petit feu.

L'homme est un loup pour l'homme

« L'homme est le pire ennemi de sa propre espèce », selon la traduction latine de *Homo homini lupus.* L'expression est utilisée par Rabelais dans le *Tiers livre*, puis par Montaigne dans les *Essais* III, 5. On la trouve encore chez Agrippa d'Aubigné dans *Les Tragiques* (Livre I), Francis Bacon dans *De Dignitate*, Sigmund Freud dans *Malaise dans la civilisation*. À noter que même si le loup cherche à prendre la place du dominant, la solidarité fait la meute.

Le renard dans le poulailler

Personne qui sème la pagaille et la frayeur, le prédateur. On se doute que Goupil ne s'invite pas dans un poulailler pour faire le coq. À la vue des poules, il préfère leur voler dans les plumes.

Les poulets

En sortant de la boulangerie, Eliott a la tête à l'envers.
– J'ai été fait comme un rat, dit-il, pleurnichant comme une madeleine. J'ai craqué sur une poule en chocolat avant de passer à la caisse. Du coup, madame Dupan a appelé les poulets.
– Sèche tes larmes de crocodile et, au lieu de te considérer comme le dindon de la farce, va t'excuser auprès de la boulangère, dit sa maman.

Les gendarmes

En sortant de la boulangerie, Eliott est troublé.
– J'ai été pris en flagrant délit, dit-il, gémissant et versant des larmes. J'ai croqué une poule en chocolat avant de passer à la caisse. Du coup, madame Dupan a appelé les gendarmes.
– Cesse de faire semblant d'être triste, et, au lieu de te considérer comme la victime, va t'excuser auprès de la boulangère, dit sa maman.

Être fait comme un rat

Pris en flagrant délit, être dans une situation sans issue. En 1932, Céline utilise l'expression dans *Voyage au bout de la nuit*. À la fin du XVIIIe siècle, on disait « être pris et cuit comme un rat ». Est-ce à croire que le rat est malhabile ? Au contraire, c'est un animal très intelligent selon Albert Einstein : « Si le rat pesait 20 kg, il serait le maître du monde. »

Une poule en chocolat

Confiserie traditionnelle à Pâques. Selon la légende, elle est apportée dans les jardins, le dimanche pascal, par les cloches de Pâques qui reviennent en carillonnant de Rome après avoir été bénies par le pape.

Les poulets

Policiers en civil. Ce mot a été employé à partir de 1871, lorsque Jules Ferry mit la caserne de la Cité à la disposition de la préfecture de police. Ce bâtiment aurait été construit sur l'emplacement de l'ancien marché aux volailles de Paris. Ce mot laisse penser également que le poulet picore les informations.

Des larmes de crocodile

Une tristesse simulée, des larmes feintes. Le reptile, aux yeux petits et jaunes, semble pleurer. Que craint-il avec sa cuirasse, sa mâchoire impressionnante et son poids colossal d'une tonne ? Non, ce ne sont pas des larmes qui coulent, mais un liquide issu des glandes lacrymales et des glandes de la membrane nictitante (les paupières). Dans l'Antiquité, en Égypte, sur les bords du Nil, on disait que ces reptiles attiraient et amadouaient leurs proies en poussant des gémissements plaintifs.

Être le dindon de la farce

La victime d'un complot, être dupe. On se réfère au gallinacé que l'on juge être un gros bêta. Au XVIIIe siècle, dans le théâtre de divertissement, « les pères dindons » sont les hommes naïfs et crédules bernés par leurs enfants. *Le Dindon*, pièce en trois actes écrite par Georges Feydeau, a été représentée pour la première fois en 1896 au théâtre du Palais-Royal.

Un cloporte

Se méfiant des hirondelles, officiant devant le jardin du Luxembourg, un cloporte prend la poudre d'escampette. Mais aussi vite qu'une girouette, voilà qu'il retourne sa veste.
« S'il vous plaît », dit-il en tendant la main.
Mais ce n'est pas son jour de chance ! Les passants ont d'autres chats à fouetter et, à vrai dire, la plupart sont des constipés du crapaud.

Un clochard

Se méfiant des gendarmes à vélo, officiant devant le jardin du Luxembourg, un clochard prend la fuite illico presto. Mais changeant aussitôt d'avis, il revient à sa première idée.
« S'il vous plaît », dit-il en tendant la main.
Mais ce n'est pas son jour de chance ! Les passants ont tous beaucoup de choses à faire, et, à vrai dire, il y a tellement de radins !

Les hirondelles

La police à vélo dans Paris. Cela existait au début du XXe siècle. En fait, cela n'a guère de rapport avec l'oiseau, car il s'agit précisément de la marque de bicyclettes Hirondelle qui étaient fabriquées par la société Manufrance. Cependant, la brigade cycliste vêtue d'une longue pèlerine qui virevoltait au vent comme si les hommes battaient des ailes, ne pouvait pas ne pas évoquer les hirondelles.

Un cloporte

Reclus, asocial, concierge. À l'instar de ce crustacé terrestre enfermé dans sa carapace de couleur sombre, on « clôt sa porte » et l'on ne sort que la nuit, à l'abri des regards. Comme le souligne Georges-François Rey dans *Sauter du coq à l'âne,* cet à-peu-près de la langue est « typique du parler populaire et vivant ».

Un constipé du crapaud

Un avare. Crapaud signifie porte-monnaie : lorsqu'on l'ouvre, cela ressemble à un crapaud bouche bée. Mais si on n'appuie pas sur le poussoir, le crapaud (porte-monnaie) ne risque pas d'ouvrir la gueule – ou d'élargir le trou. Certains pensent au trou de balle. Ils déduisent qu'il y a un problème de constipation lorsque celui-ci reste clos.

Le jeune loup

Panique dans un monde de requins ! Sur les dents, le jeune loup scrute les cours de la Bourse. Chute du CAC 40 et du Dow Jones ! Et pour lui, c'est la descente aux enfers. Mais demain, le trader aux dents longues se met la corde au cou. Alors autour de lui on fait table rase des erreurs de jeunesse. Les loups ne se mangent pas entre eux.

Lui, le maître du monde ?

Panique dans un monde impitoyable ! Stressé, le jeune homme confiant en son avenir, pétri d'ambition, scrute les cours de la Bourse. Chute du CAC 40 et du Dow Jones. Et cela tombe mal, demain, le jeune trader arriviste se marie. Alors autour de lui ses supérieurs font l'impasse sur ses erreurs de jeunesse. Les loups au sein de la meute sont solidaires.

Un monde de requins

Un monde de tueurs. On songe au monde des affaires. Il y a une nuance dans le monde animal. Sur les 350 espèces de requins, classées en 8 ordres et 30 familles, très peu sont tueuses, hormis le requin blanc, le requin-tigre, le requin-bouledogue.

Être sur les dents

Être exténué, surmené. En ancien français et en provençal, on emploie *adent* et *adens* : « être face contre terre ». Pourtant depuis 1611, l'expression serait issue du monde hippique : le cheval harassé appuie ses dents sur le mors.

Un jeune loup

Jeune homme ambitieux. Chez le *Canis lupus,* le goût de la compétition commence dès l'âge tendre. Le plus fort des louveteaux deviendra le mâle dominant. C'est lui le chef de bande, le seul à s'accoupler. Le jeu en vaut la chandelle. Mais pour les hommes, cela s'arrête au monde des affaires.

Avoir les dents longues

Avoir beaucoup d'ambition. Au XVIe siècle, cela signifiait « avoir faim », et à l'époque des famines, partir en quête de nourriture et se battre pour en obtenir. Chez les louveteaux, on montre les dents pour gagner, remporter la bataille et s'imposer dans la hiérarchie.

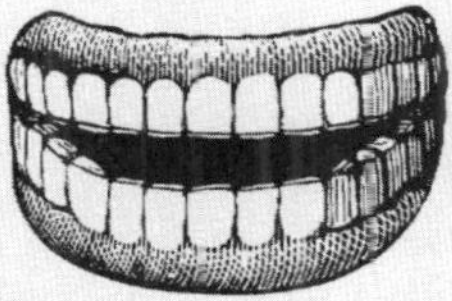

Les loups ne se mangent pas entre eux

Les gens malhonnêtes s'associent et se protègent. Les loups sont liés au sein de la meute. Ce proverbe contredit l'expression « l'homme est un loup pour l'homme ».

Un ramier

À peine levé, Yann bâille comme une carpe, et pourtant il a dormi comme un loir.
– Quel ramier ! lance son frère Anthony, qui le voit bayer aux corneilles.
– Triple buse ! rétorque Yann, se défendant bec et ongles. La semaine dernière, j'ai travaillé comme une bête et je n'ai pas fermé l'œil.

Le roi fainéant

À peine levé, Yann ne cesse de bâiller, et pourtant il a dormi profondément et longtemps.
– Tu as un poil dans la main, lance son frère Anthony qui le voit inactif.
– Tu es stupide ! rétorque Yann qui se défend de toutes ses forces. La semaine dernière, j'ai travaillé sans répit et sans prendre le temps de dormir.

Un ramier

Un fainéant. Le Pigeon ramier, *Columba palumbus* est moins actif que les autres columbidés. Il utilise toujours le même nid. Pourquoi se fatiguer quand on a tout sous la patte ?

Bâiller comme une carpe

Bâiller bouche grande ouverte sans interruption. La carpe a une bouche très large, qu'elle ouvre sans cesse comme les autres poissons pour respirer et s'alimenter, et ce n'est pas au poisson que l'on va apprendre à mettre la nageoire devant la bouche.

Dormir comme un loir

Dormir à poings fermés. Cet animal nocturne hiberne d'octobre à mars, une période de repos très longue, signe de sommeil profond pour les gros dormeurs.

Bayer aux corneilles

Rester bouche bée, regarder en l'air sans rien faire. Le verbe *bayer* orthographié ainsi n'existe plus que dans cette locution, il signifie « avoir la bouche ouverte ». La corneille représentait l'insignifiance. C'est donc une expression redondante qui souligne l'inactivité totale.

Triple buse

Un imbécile, stupide, idiot. Ce rapace ne se laisse pas apprivoiser facilement, d'où cette image négative créée par les fauconniers agacés de ne pouvoir le dresser. Être plus bête que bête, c'est le sort d'une triple buse.

Se défendre bec et ongles

Se défendre de toutes ses forces. L'oiseau n'a pas d'autres armes que le bec et les griffes pour attaquer. Vient de l'expression latine *unguibus et rostro* qui signifiait « à griffes et à ongles ».

Travailler comme une bête

Effectuer des travaux sans relâche, travailler dur. On songe aux bêtes de somme, amenées à tirer la charrue dans les champs ou bien à porter des charges lourdes. Harassant !

Le Dauphin

Le Dauphin suit sa mère comme un chien. Le roi n'est pas son cousin : il a sa place dans une loge tandis que ses compagnons de jeu se retrouvent au poulailler. Pour ce jeune spectateur, c'est une bonne chose. Lorsqu'il prendra les rênes du pouvoir, il connaîtra ses classiques, Shakespeare et Victor Hugo.

L'enfant roi

L'enfant du roi ne quitte pas sa mère d'une semelle. Il n'est pas peu fier : il a sa place dans une loge tandis que ses compagnons de jeu se retrouvent plus haut dans le théâtre. Pour ce jeune spectateur, c'est une bonne chose. Lorsqu'il sera à la tête du pouvoir, il connaîtra les œuvres classiques, Shakespeare et Victor Hugo.

Le Dauphin

Le fils aîné du roi. Dauphin était un prénom à l'origine très prisé des comtes du Viennois au Moyen Âge. Leurs terres furent baptisées le Dauphiné. En 1343, Imbert III apprend que son fils aîné est mort en se jetant de la fenêtre de son château. Il décide de vendre ses terres au roi de France à une seule condition : que le fils aîné du roi porte le titre de Dauphin en hommage à son défunt enfant.

Suivre comme un chien

Être toujours derrière. Le chien est un suiveur, c'est un animal de meute. Il est toujours sous l'emprise du chien dominant qui, depuis sa domestication, est représenté par le maître.

Poulailler

La galerie élevée d'un théâtre, aussi appelée le « paradis », comme dans le film de Marcel Carné *Les Enfants du paradis*. Il regroupe les places les moins chères du théâtre. Dans un poulailler, les poules pondeuses sont situées à des niveaux différents. Qu'un intrus, tel un rat, se donne en spectacle et se faufile sur le plancher, si elles ne sont pas aux premières loges pour l'observer, elles sont en hauteur et leur regard plonge sur la scène.

Un merle blanc

Alexis ruminait son infortune. Il n'allait pas oublier de sitôt qu'on lui avait donné un coup de pied en vache. Son avocat le prit sous son aile. Un client comme celui-ci, de nos jours, ça ne court pas les rues, se dit l'homme de loi. Il accusa Damien le fautif de chantage. « Vous êtes un merle blanc », déclara-t-il à son protégé.

Vous êtes exceptionnel !

Alexis ne cessait de penser à sa malchance et n'allait pas oublier de sitôt la traîtrise qu'on lui avait faite. Son avocat le protégea. Un client comme celui-ci, de nos jours, c'est rare, se dit l'homme de loi. Il accusa l'autre, Damien le fautif, de faire du chantage.
« Vous êtes un personnage peu ordinaire », dit-il solennellement à son client.

Ruminer

Se raconter inlassablement la même histoire. Ainsi la vache, dotée de quatre estomacs, met-elle beaucoup de temps à digérer l'herbe qu'elle mange. C'est le propre des ruminants.

Un coup de pied en vache

Agir de façon sournoise, en traître. Cette locution existe depuis le milieu du XIXe siècle, mais à la fin du XVIIe, on disait déjà « ruer en vache », ce qui avait le même sens. À la différence du cheval qui rue à l'aide de ses deux jambes arrière, la vache donne un coup de pied sur le côté ou vers l'avant. Cela tombe toujours au moment où l'on ne s'y attend pas. Cette gestuelle a édifié la mauvaise réputation de la vache apparemment placide. Traiter quelqu'un de « vache », c'est lui reprocher sa méchanceté et ses coups vaches.

Un merle blanc

Quelqu'un de rare, d'exceptionnel. Au sein de la gent ailée, il s'agit d'un oiseau rare, car le merle blanc est en réalité un merle noir. *Turdus merula* est atteint de leucisme ou d'albinisme. Ses yeux sont noirs, son bec jaune, mais son plumage est immaculé. Il possède des cellules incapables de synthétiser la mélanine qui colore le plumage.

Une bête de scène

Anita n'avait aucun complexe malgré sa voix de crécelle. Elle donnait un concert à La Cigale et voulut s'égosiller tout l'été.
Nul besoin d'une boule de cristal pour connaître la suite de l'histoire. Dès le premier soir, elle entra dans la fosse aux lions et ce fut la douche froide ! Il pleuvait des œufs et des tomates sur le podium. Son rêve de bête de scène s'effondra à jamais.

Chanteuse à succès

Anita n'avait aucun complexe malgré sa voix désagréable. Elle donnait un concert à La Cigale où elle voulait chanter tous les jours cet été-là.
Nul besoin d'être voyant pour deviner que dès le premier soir, elle affronta la froideur du public. Quelle déception ! On lançait des œufs et des tomates sur le podium. Ses illusions sur son talent et son énergie capables de séduire le public s'effondrèrent à jamais.

La Cigale

Salle de concert située dans le 18e arrondissement de Paris. Un nom qui évoque cet insecte chanteur décrit par La Fontaine dans « La cigale et la fourmi » :
« La cigale ayant chanté
Tout l'été
Se trouva fort dépourvue
Quand la bise fut venue. »

Entrer dans la fosse aux lions

Se livrer à un danger bien réel, affronter un public au jugement sans pitié. Dans l'Antiquité, les Romains friands de jeux de cirque, assistaient à l'affrontement des hommes et des lions. Les premiers, comme jetés dans un guet-apens, n'avaient aucune chance de s'en sortir. Seule sainte Blandine est sortie vivante de la fosse aux lions. Un miracle ! La fosse aux lions, d'un niveau inférieur à celui du public, illustre la descente aux enfers ressentie par un individu. On s'enfonce, happé par le vide, sans trouver d'échappatoire.

Une bête de scène

Un artiste qui se donne à fond dans son spectacle. Cette expression s'inspire des spectacles d'autrefois où les animaux de cirque, tels les ours muselés, réjouissaient la foule. Une connotation de souffrance ressort de cette locution. On songe en effet aux animaux confinés à l'enfermement et privés de leur milieu naturel. L'image rappelle les artistes qui donnent en pâture au public ébloui tout leur talent, tout leur être, toute leur âme. À la différence des animaux, l'échange avec le public leur fait chaud au cœur.

Le premier chien coiffé

Les deux commères sont très inquiètes. Maryse se lamente sur le sort de Médard, lequel papillonne un peu trop à son goût. Il a un cœur d'artichaut.
« Pour mon neveu, c'est sûr, ce sera le premier chien coiffé », dit Évelyne. Ses parents auraient bien dû lui secouer les puces !

Premier venu

Les deux commères sont très inquiètes. Maryse se lamente sur le sort de Médard, lequel change de fiancée un peu trop à son goût. Il aime souvent et si peu de temps ! « Pour mon neveu, c'est sûr, ce sera la première venue », dit Évelyne. Ses parents auraient dû le disputer sévèrement.

Papillonner

Conter fleurette ici et là. L'image rappelle le lépidoptère qui vole de fleur en fleur. Sans doute, dans cette référence au comportement amoureux, faut-il percevoir non seulement la notion de légèreté et d'inconstance, mais aussi la connotation du non durable. Le papillon aux amours passagères a quant à lui une vie éphémère.

Le premier chien coiffé

Le premier venu. Cette expression du XVIe siècle concerne celui ou celle qui cherche l'âme sœur, ayant du mal à la trouver, la première rencontre fait alors l'affaire. Un chien coiffé, c'est-à-dire toiletté, est beaucoup plus beau une fois peigné et a davantage de chances de plaire. C'est celui sur lequel vont se porter les regards.

Secouer les puces à quelqu'un

Disputer fortement. Au XVIe siècle, on disait dans un tout autre sens « secouer les puces à une femme » pour « lui faire l'amour ». Enguirlander fortement quelqu'un implique qu'on lui prenne le col de sa veste et qu'on le secoue. Pourquoi les puces ? Lorsque la France sombra dans de vilaines odeurs que l'on ne détectait même plus, les puces étaient les hôtes familières des garde-robes.

Connu comme le loup blanc

Couché en chien de fusil, Richard broie du noir. Il a un air de chien battu. Soudain, il a le souffle coupé. Sur la plage, passe une naïade à la peau dorée. Il a beau être esthète, avoir l'âme artiste, décrire les corps féminins avec poésie, il a toujours été un chaud lapin. En boîte de nuit, il est connu comme le loup blanc.

Qui ne le connaît pas ?

Richard, couché et tout recroquevillé, n'a pas le moral. Il a l'air triste et pitoyable. Soudain, il est en extase. Sur la plage, il regarde passer une jolie nageuse à la peau dorée. Il a beau être esthète, avoir l'âme artiste, décrire les corps féminins avec poésie, il a toujours été porté sur le sexe. En boîte de nuit, il est vite repéré, tout le monde le sait.

Être couché en chien de fusil

Être allongé sur le côté, jambes repliées, tout recroquevillé, en forme de « s ». Il n'y a pas de lien avec la posture du canidé mais avec une arme, le chien de fusil à piston, dont la forme dessine la position précitée.

Un air de chien battu

Un air triste, pitoyable et sans défense. On imagine le malheureux chien, de nature fidèle et aimante, maltraité par son maître ! Aujourd'hui, l'acte de battre son chien est passible d'une lourde amende, voire de prison.

Être un chaud lapin

Un homme sensuel. Le lapin symbolise la débauche sexuelle. Si en plus il est chaud, on imagine son hyperactivité et ses débordements. Jadis on appelait « lapin », l'homme qui fréquentait les prostituées. Sans doute faisait-il songer au lapin au coït rapide. En ancien français le lapin était nommé *connil*, du latin *cuniculus*, qui a donné « cuniculture ». Puis il a été remplacé par « lapin », au XVIe siècle.

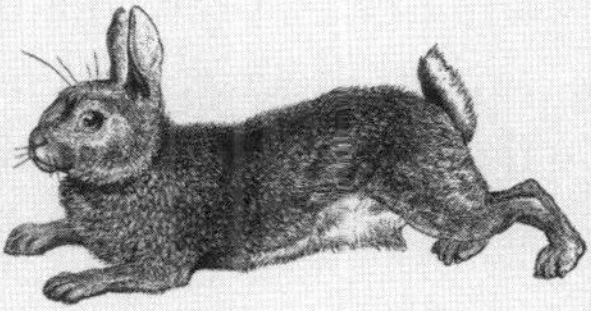

Être connu comme le loup blanc

Être connu de tous. *Canis lupus* revêt un pelage allant du noir au blanc, en passant par le crème, l'argenté, le marron, le roux, le gris. Le blanc est assez rare, comme chez certaines espèces. Jadis lorsque l'on signalait la présence d'un loup blanc, la nouvelle allait bon train tant cela était rare.

Les oies du Capitole

C'était une histoire à dormir debout. Pendant qu'il était dans les bras de Morphée, on l'avait plumé. Sa chambre était sens dessus dessous. Mais André se consolait. Gisèle et Yasmine, qu'il considérait comme ses « chiennes de garde », avaient été prises d'une forte quinte de toux. Et vite, sans mettre fin à leur délit, les cambrioleurs s'étaient fait la malle. Savez-vous comment André présente ses deux filles ? Les oies du Capitole !

Incroyables sauveteuses

C'était une histoire invraisemblable. Pendant qu'il dormait, on l'avait volé. Sa chambre était tout en désordre. Mais André se rassurait. C'est grâce à la quinte de toux de ses deux « gardiennes », Gisèle et Yasmine, que les cambrioleurs avaient déguerpi sans avoir le temps de terminer leur méfait. Une grande consolation pour André que la présence de cette garde improvisée et efficace.

Se faire plumer

Se faire dépouiller. À la première moitié du XIIIe siècle, on disait : « plumer l'oye sans la faire crier » (1581) ou « plumer la poule » (1680). Dans son *Dictionnaire françois contenant les mots et les choses,* Pierre Richelet explique : « faire dépenser de l'argent et du bien à quelqu'un ». Dans le *Dictionnaire du bas-langage ou des manières de parler peu usitées par le peuple* par Charles-Louis D'Hautel (1808), on lit : « escroquer de l'argent au jeu ; ou par un vil artifice ; ruiner quelqu'un ». Il est certain qu'un volatile sans plumes est dépossédé. Il est non seulement nu comme un ver mais incapable de se réchauffer et de voler.

Chiennes de garde

Personnes qui défendent bec et ongles leur protégé. Jadis le chien de garde était représenté par Cerbère. Au féminin, l'expression donne une connotation d'agressivité.

Les oies du Capitole

Gens naïfs qui inconsciemment exercent un rôle important en cas de danger. Ainsi, lors de l'attaque surprise des Gaulois qui envahirent la ville de Rome, 390 ans avant notre ère, les oies qui étaient gardées dans l'enceinte du Capitole se mirent à cacarder en forçant sur les décibels. Le général Manlius, réveillé subitement par ce tintamarre, put faire reculer les adversaires et sauver Rome. Qui eût cru que les oies seraient de merveilleuses chiennes de garde ?

CARACTÈRES

Quelle mouche l'a piqué ?

Edmond a l'air doux comme un agneau. Lorsqu'il prend la mouche et qu'il est vexé comme un pou, il est d'une humeur de chien. S'il ne reste pas muet comme une carpe, il monte sur ses grands chevaux. La vie à ses côtés n'est ni chair ni poisson.

Un ours mal léché

C'est lundi. Monsieur Jaunet sort du bar-tabac, le journal sous le bras, en claquant la porte.
– Quelle mouche l'a piqué ? demande Janine.
– C'est un ours mal léché, dit une cliente.
Une femme à la bouche en cul-de-poule avance, mielleuse.
– C'est mon mari. Il s'est levé du pied gauche.
Puis elle change de ton, d'humeur pas piquée des vers.
– Même s'il a un caractère de chien, occupez-vous de vos oignons.

Quel rustre !

C'est lundi. Monsieur Jaunet sort du bar-tabac, le journal sous le bras, en claquant la porte.
– Pourquoi est-il de mauvaise humeur ? demande Janine.
– C'est un homme rustre et mal élevé, dit une cliente.
Une femme qui veut se faire pardonner avance, mielleuse.
– C'est mon mari. Il s'est levé de mauvaise humeur.
Puis elle change de ton et rétorque, inamicale :
– Même s'il a vilain caractère, occupez-vous de vos affaires !

Quelle mouche l'a piqué ?

Quel est le motif de sa mauvaise humeur ? Le changement brutal d'humeur chez une personne soupe au lait étonne.
Un insecte, jadis appelé mouche, serait donc le coupable.

La bouche en cul-de-poule

Prendre un air mielleux pour obtenir quelque chose. Lorsque les commissures des lèvres se resserrent dans le sens de la hauteur, cela dessine un cul-de-poule, le croupion du gallinacé étant triangulaire.

Pas piqué des vers

Absolu, sans défaut, net.
Ce qui équivaut à « pas piqué des hannetons », dont la larve, un gros ver blanc, détruit les plantes avec méthode en commençant par les racines.

Un caractère de chien

Un vilain caractère Fidèle et soumis, le chien ne songe qu'à faire plaisir à son maître. Son caractère n'est pas remis en cause, mais le mot « chien » a autrefois été utilisé pour désigner tout ce qui est avilissant.

Un ours mal léché

Homme solitaire, hargneux.
Cette expression du XVIIIe siècle désigne un misanthrope qui manque fortement d'éducation. La mère ourse lèche son ourson à la fois pour le débarrasser des saletés et pour lui inculquer les règles de docilité, de soumission.
Le cas échéant, l'ours manque son apprentissage et ne peut s'intégrer à son environnement.

Une peau de vache

À l'aéroport, les gens se suivent comme des moutons de Panurge. Une fois sur le plancher des vaches, Adeline et sa copine s'adonnent à leur jeu habituel : la critique des passants.
– Celui-là n'a pas cassé trois pattes à un canard, dit Adeline, une vraie peau de vache.
Et patati et patata, les pipelettes jacassent et gloussent quand le voyageur en question leur tend la plume :
– Un autographe, les poulettes ?

Adeline a la dent dure

À l'aéroport, les gens se suivent comme un troupeau. Une fois à terre, Adeline et sa copine s'adonnent à leur jeu habituel : la critique des passants.
– Celui-là n'a pas l'air très malin, dit Adeline très méchante.
Et patati et patata, les pipelettes parlent sans arrêt et ont un drôle de ricanement quand le voyageur en question leur tend un stylo :
– Un autographe, les filles ?

Les moutons de Panurge

Les gens qui se mêlent au groupe aveuglément. Au XVIe siècle dans *Pantagruel*, Rabelais évoque Panurge qui jeta un mouton à la mer, tout le troupeau suivit et se noya. Le mouton est un animal grégaire. S'écarter du groupe revient à mériter le nom de « brebis galeuse ».

Le plancher des vaches

La terre ferme. Les ruminants qui se nourrissent d'herbe piétinent la terre. On utilise l'expression qui indique une stabilité retrouvée, rassurante, par opposition aux sentiments éprouvés lors des voyages aériens ou maritimes.

Cela ne casse pas trois pattes à un canard

Il n'y a rien d'extraordinaire là-dedans. Évidemment, briser trois pattes à un anatidé relèverait de l'exploit.

Les poulettes

Les petites femmes. C'est un mot tendre et amical lorsqu'on dit « ma poulette ». Au pluriel, cela désigne les femmes légères et vite acquises.

Une peau de vache

Quelqu'un de méchant. « Une jolie fleur dans une peau de vache » chante Georges Brassens. Ce bovidé pacifique et nonchalant – le verbe *avachir* employé au XIVe siècle signifie « ramollir » –, sera perçu comme féroce. Le mot allemand *Wache*, qui signalait les postes de garde prussiens durant l'annexion de l'Alsace-Lorraine en 1870, est à l'origine de cette réputation. Cela s'est transformé en « Mort aux Wache », puis « Mort aux vaches ».

Une langue de vipère

Dans la salle des pas perdus, on a parfois le temps de refaire le monde. Les conversations vont bon train et les langues de vipère s'en donnent à cœur joie.

– Le chanteur s'est remarié… mais pas avec le perdreau de l'année !

– Je ne sais pas ce qu'il lui trouve, elle est pauvre comme Job.

– En plus, elle est maigre comme un coucou !

Le fiel à la bouche

Dans la salle d'attente de la gare, on a parfois le temps d'aborder nombre de sujets. Les conversations s'enchaînent et les commères ne se privent pas.

– Le chanteur s'est remarié… mais pas avec une jeune femme !

– Je ne sais pas ce qu'il lui trouve, elle n'a aucun bien.

– En plus, elle est vraiment maigre !

Une langue de vipère

Une personne médisante. On associe cette mauvaise langue, au sens de « parole », à celle de la vipère qui émet son poison. En réalité, ce reptile assure sa défense non pas par la langue, mais par les crochets à venin. Placés à l'avant de la mâchoire, ils se replient quand la gueule est fermée.

Ce n'est pas le perdreau de l'année

Ce n'est pas quelqu'un de tout jeune. On observe que dans l'inconscient collectif, l'homme est un éternel chasseur. L'expression est employée lorsqu'un homme a trouvé chaussure à son pied. Si le « chasseur » a visé une proie qui n'est pas née de la dernière averse, alors c'est sûrement une perdrix, mais en tout cas ce n'est pas le tendre et succulent perdreau qui est né dans l'année.

Maigre comme un coucou

D'une grande maigreur. L'expression date du XXe siècle. Pourquoi cette allusion au coucou ? S'il est maigre, c'est seulement au sortir de l'hiver, à l'instar de toute la gent ailée. Au printemps, il est très vorace et grossit à vue d'œil, lorsqu'il squatte le nid des autres oisillons, recevant ainsi la becquée des parents.

Une pie jacasse

Léonie fait un effet bœuf. Elle est toujours tirée à quatre épingles. Jamais décoiffée. Même s'il fait un vent à décorner les bœufs. Le seul reproche qu'on puisse lui faire : c'est une pie jacasse. Chez les commerçants, elle taille une bavette, un vrai moulin à paroles. Surtout, elle a la dent dure contre le voisinage. Quelle babillarde !

Un moulin à paroles

Léonie a une allure extraordinaire. Elle est toujours nette, bien habillée. Jamais décoiffée. Même s'il fait un vent terrible. Le seul reproche qu'on puisse lui faire : c'est une grande bavarde. Chez les commerçants, elle fait la conversation, on ne l'arrête plus. Surtout, elle est méchante vis-à-vis du voisinage. Une vraie cancanière !

Un vent à décorner les bœufs

Un vent violent, une tempête. L'expression du XIIe siècle est liée à l'écornage des bœufs – le vent chasse les mouches attirées par les plaies –, car pour ce qui concerne les cornes du bovidé, portées de chaque côté du chignon (front), elles sont implantées solidement.

Une pie jacasse

Une personne très loquace. On dit aussi « jacasser comme une pie ». *Pica pica* se traduit par « pie bavarde », et dans certaines régions, par « pie agasse ». Cet oiseau émet des vocalisations légendaires, tantôt nasales et rauques, tantôt gémissantes. Son cri est un claquant « tcha-ka ! » ou « tchia-tcha ». Quelle tchatche !

Tailler une bavette

Faire la conversation. Aux XVe et XVIe siècles, le mot « bave », d'où vient « bavette », désigne le babil des tout-petits. Ce mot fut utilisé au pluriel de manière péjorative. Furetière écrit : « Les femmes vont tailler des bavettes, bassement, quand elles s'assemblent pour caqueter. » Au début du XIXe siècle, le singulier s'impose. Il n'y a donc aucun rapport avec la pièce de bœuf nommée bavette.

Une poule mouillée

Les jeunes Bretons avaient décidé de dormir à la belle étoile. Du coup, les deux amis passèrent une nuit blanche, parlèrent comme des pipelettes, s'enivrèrent et virent des éléphants roses.
– J'ai bu la tasse en me jetant à l'eau, dit Kerouan.
– Poule mouillée ! lance Cédric, tu étais vert de peur et tu poussais des cris d'orfraie !
Ils élevèrent la voix et se disputèrent comme des chiffonniers.

La peur au ventre

Les jeunes Bretons avaient décidé de dormir dehors. Du coup, les deux amis restèrent éveillés toute la nuit, parlèrent sans interruption, s'enivrèrent et eurent des hallucinations.
– J'ai bu la tasse en plongeant dans l'eau, dit Kerouan.
– Peureux ! lance Cédric, tu étais effrayé et tu criais très fort !
Ils élevèrent la voix et se disputèrent violemment.

Voir des éléphants roses

Avoir des hallucinations suite à un excès de boissons alcoolisées. L'expression est utilisée pour la première fois en 1913 par Jack London dans *John Barleycorn*. C'est forcément une image délirante concernant ce pachyderme qui porte défenses et trompe. Dans un état normal, on ne saurait se tromper. Même l'éléphanteau est gris, comme à l'âge adulte, et il faut vraiment être gris pour le voir en rose !

Une poule mouillée

Peureux, couard. La locution « faire la poule mouillée » est attestée en 1680 dans le *Dictionnaire françois contenant les mots et les choses* de Pierre Richelet. Une poule surprise par la pluie se tient à l'écart, sans remuer, comme paralysée par un obstacle, apeurée.

Pousser des cris d'orfraie

Crier au scandale, pousser des cris stridents. Dans cette expression, le mot « orfraie » serait un glissement phonétique venant du terme « effraie », elle serait donc liée à la chouette effraie. Le cri nocturne de ce rapace terrifiait et privait de sommeil les gens superstitieux, qui se sentaient alors menacés.

Un drôle d'oiseau

Je le voyais tourner comme un lion en cage.
Il parlait le français comme une vache espagnole.
Lorsque j'annonçai mon mariage à ma mère,
elle osa me dire : « Il ne faut pas vendre la peau
de l'ours avant de l'avoir tué. » Et le lendemain,
fiancée d'un seul jour, je me trouvais le bec
dans l'eau.
« Hier soir, j'étais plein comme un œuf ! »
C'est tout ce qu'il avait trouvé à redire.
Un drôle d'oiseau !

Curieux personnage !

Je le voyais aller et venir, fulminant, impatient. Il parlait un français incompréhensible. Lorsque j'annonçai mon mariage à ma mère, elle osa me dire :
« Il ne faut pas crier victoire tant que rien n'est concret. »
Et le lendemain, fiancée d'un seul jour, j'étais déçue.
« Hier soir, j'étais complètement ivre ! »
C'est tout ce qu'il avait trouvé à redire.
Un personnage bizarre !

Tourner comme un lion en cage

Marcher de long en large avec impatience, la rage au cœur, envahi par la rancœur. À quoi ressemble le destin d'un lion captif alors qu'il est né pour régner dans la savane ?

Parler le français comme une vache espagnole

Parler très mal le français. L'expression est attestée depuis 1640, elle viendrait d'une déformation du basque (les Basques à cette époque ne parlaient pas très bien le français), elle a depuis une connotation péjorative. Espagnole ou anglaise, une vache ne peut parler ni le français ni le russe. Mais le « meuh » qu'elle émet se comprend dans toutes les langues.

Il ne faut pas vendre la peau de l'ours avant de l'avoir tué

Il ne faut pas crier victoire tant que celle-ci n'est pas palpable. L'expression se trouve dans « L'ours et les deux compagnons » de Jean de La Fontaine, qui s'est inspiré d'Ésope. Il ne faut pas sous-estimer la force du plantigrade capable de tuer d'un coup de patte.

Avoir le bec dans l'eau

Rester dans l'attente, un espoir déçu. Au XVIe siècle, on disait « tenir le bec dans l'eau à quelqu'un ». Cela signifiait « le faire attendre, lui faire miroiter certaines choses ».

Plein comme un œuf

Rempli de monde, complètement ivre. La référence à l'œuf implique cette idée de remplissage, d'intégralité. L'intérieur de la coquille est occupé par le jaune et le blanc.

Un drôle d'oiseau

Bizarre, curieux, mais pas drôle du tout. Dans moult expressions, l'oiseau véhicule des idées négatives et a droit à tous les noms.

Quel zèbre !

Ne me parlez pas de cet homme. Quel zèbre ! Est-ce à cause de sa vie de chien ? Il est toujours en train de hurler avec les loups. Même ses amis proches ont fini par le considérer comme une brebis galeuse. Pour le définir, je ne sais plus à quel saint me vouer. Je finis par donner ma langue au chat !

Déroutant !

Ne me parlez pas de cet homme. Quel drôle de personnage ! Est-ce à cause de son existence laborieuse ? Il est toujours du côté de la foule à revendiquer. Même ses amis proches ont fini par le considérer comme un indésirable. Pour le définir, je ne sais plus que penser. Je finis par abdiquer, je ne sais pas.

Quel zèbre !

Quel drôle d'individu ! Le zèbre brait comme un âne. Mais il file au galop comme un cheval, et avec ses rayures, cet équidé nous donne la berlue. Étonnant et désarmant !

Une vie de chien

Une vie laborieuse, misérable, pénible. Au XVIIe siècle, l'expression voulait dire « se livrer à la débauche ». Puis elle a évolué dans le sens de « pénibilité ». Cela veut souvent dire « ne plus avoir une minute à soi ».

Hurler avec les loups

Se ranger du côté de la foule pour ne pas déplaire au plus grand nombre. Les loups, animaux de meute, hurlent après ou avant la chasse, et en d'autres circonstances. À leur timbre de voix particulier à chacun, ils se reconnaissent entre eux à une distance de 6 à 10 kilomètres.

Une brebis galeuse

Personne indésirable, un mauvais élément dans un groupe. Une brebis atteinte de la gale, maladie contagieuse, contamine tout le troupeau.

Donner sa langue au chat

Ne pas trouver la réponse. Initialement on disait « sa langue au chien ». Au XIXe siècle, dans le langage enfantin, le mot « chien » a été remplacé par « chat ». Avec son sixième sens, le petit félin détient la science et les secrets. Il ne lui manque que la parole. Alors en lui confiant notre langue, il pourrait livrer la bonne réponse.

Doux comme un agneau

Comme il avait l'habitude de manger à tous les râteliers, il fut très étonné de devoir montrer patte blanche.
« On n'entre pas ici comme dans un moulin », dit l'employé qui, face à son patron, se retrouva dans le pétrin.
On l'avait roulé dans la farine en lui demandant d'appliquer cette consigne. C'est souvent le sort réservé à quiconque est doux comme un agneau.

Tellement gentil

Comme il avait l'habitude de profiter de toutes les situations, il fut très étonné de devoir donner son identité.
« On n'entre pas ici sans se présenter », dit l'employé qui, face à son patron, se retrouva bien embêté.
On l'avait emberlificoté en lui demandant d'appliquer cette consigne. C'est souvent le sort réservé à celui qui est trop gentil.

Manger à tous les râteliers

Profiter de toutes les situations, être opportuniste. L'expression est utilisée au XVIIIe siècle par Beaumarchais dans *Le Mariage de Figaro*, où il est précisément écrit « manger à deux râteliers ». Le râtelier, constitué de longues dents recourbées retenant le fourrage pour les animaux, permet à chaque ovin ou bovin de manger la part du voisin de droite ou de gauche.

Doux comme un agneau

Inoffensif, naïf. Chez les catholiques, l'agneau est l'image du Christ qui porte « tous les péchés du monde » et c'est aussi un petit animal attendrissant et fragile. Sa douce laine, qui constitue la première tonte d'un mouton, donne des gants de peau et vêtements d'une grande finesse.

Montrer patte blanche

Donner un signe de reconnaissance afin d'être introduit quelque part, prouver son identité. On trouve cette expression dans une fable de La Fontaine : « Le loup, la chèvre et le chevreau ». La chèvre s'absente en laissant son biquet seul. Lorsque celui-ci entend frapper, il suit la consigne de sa mère et demande de « montrer patte blanche ». Mais c'est le loup qui est derrière la porte. Cette expression qui s'est éteinte durant deux siècles après la mort du fabuliste est souvent utilisée dans notre langage actuel.

Ni chair ni poisson

– Rossignol de nos amours, ââââ, entonne à pleins poumons la cantatrice. Sa voix est belle. Dans le quartier, on n'entend qu'elle.
– Turlututu, répond Richard, gai comme un pinson. Pour conter fleurette, il est en queue-de-pie. Mais auprès de la dame de ses pensées, sa timidité maladive lui donne la chair de poule. Il reste muet comme une carpe.
L'amour n'est ni chair ni poisson !

Comment dire ?

– Rossignol de nos amours, ââââ, entonne à pleins poumons la cantatrice. Sa voix est belle. Dans le quartier, on n'entend qu'elle.
– Turlututu, répond Richard, joyeux. Pour charmer sa belle, il est en habit de cérémonie. Mais auprès de sa dulcinée, sa timidité maladive le fait frissonner. Il se réfugie dans le silence.
L'amour est indéfinissable !

Rossignol de nos amours

Cet oiseau, symbole de l'amour, est à l'origine de nombreux contes et légendes. Pour le rossignol philomère, l'appel du mâle pendant la saison des amours est d'une grande mélodie.

Gai comme un pinson

Très joyeux. *Fringilla coelebs*, le pinson des arbres au chant mélodieux, a une joie communicative. Son chant précoce, dès le mois de février, met la joie au cœur car il annonce la fin de l'hiver, d'où l'expression.

Queue-de-pie

Vêtement de cérémonie. À ne pas confondre avec la queue-de-morue, habit court devant et aux basques carrées à l'arrière.

La queue-de-pie présente de longues basques terminées en pointe à l'arrière des genoux, qui rappellent la queue d'une pie. La couleur noire de cet habit, porté avec une chemise blanche, est la copie conforme du plumage de cet oiseau.

Avoir la chair de poule

Avoir froid ou peur. L'inconfort ou l'effroi provoque le hérissement des poils et rend la peau semblable à celle de la volaille une fois plumée.

Ni chair ni poisson

Indéfinissable. Au Moyen Âge, pendant le carême, la viande était interdite chez les catholiques. Puis les aliments maigres furent autorisés par l'Église. Mais le poisson provoqua questionnements et débats. Le poisson n'est-il pas de la chair ? se demanda-t-on. Nul ne sut répondre.

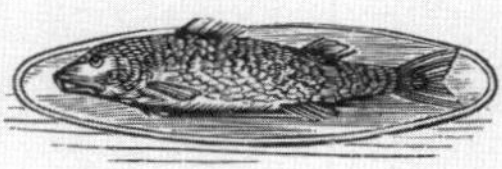

Muet comme une carpe

Mademoiselle Z ne rechigne pas à mettre la dose quand elle se parfume.
– Ça sent la cocotte, observe Hubert, un fin limier.
– Ferme ton clapet, lui fait son père. J'aimerais parfois que tu sois muet comme une carpe. On éviterait les réflexions désagréables. Et cela me rendrait heureux comme un poisson dans l'eau. Et notre snobinard de s'isoler fier comme un paon.

Rien à dire

Mademoiselle Z ne rechigne pas à utiliser beaucoup de parfum.
– Ça sent la femme de luxe, observe Hubert, au nez performant comme un chien de chasse.
– Ferme ta bouche, lui fait son père. J'aimerais parfois que tu ne dises pas un mot. On éviterait les réflexions désagréables. Et cela serait un grand bonheur pour moi. Et notre snobinard de s'isoler avec un air supérieur.

Sentir la cocotte

Exhaler un parfum bas de gamme et puissant de poule de luxe, d'où le verbe « cocotter ». La cocotte est le nom que l'on donnait aux prostituées de luxe sous le Second Empire. *Nana,* le roman d'Émile Zola, en est l'illustration.

Un fin limier

Personne habile et capable de rechercher des indices. Il s'agit en général d'un policier. Le limier est un chien de vénerie doté d'un flair performant (200 millions de cellules olfactives contre 5 millions chez l'homme).

Muet comme une carpe

Silencieux. Comme tous les poissons, la carpe est muette. Mais ce cyprinidé est devenu le symbole du mutisme depuis 1612.

Fier comme un paon

Se tenir doit, hautair et prendre des airs supérieurs. Plumage bleu vert aux reflets métalliques, le paon est le seul oiseau à avoir ce privilège : faire la roue. Il déploie ses plumes en forme de cercle et tous les motifs et couleurs apparaissent : ronds, ovales, flèches ; vert doré, vert bronze, bleu, violet. Il en met plein la vue. Chaque plume, à son extrémité, est parée d'un œil appelé ocelle, bleu vif au centre, entouré d'anneaux brun, jaune d'or et violet. Une véritable œuvre d'art ! De quoi être fier comme Artaban !

Monter sur ses grands chevaux

– Le chat est dans l'horloge, chuchote Mélanie à l'oreille de Rémi qui respire l'air de la campagne sur le pas de la porte.
– Je sais, mon frère est monté sur ses grands chevaux car Lili a acheté un cabriolet sans lui en parler. Pourtant, il n'y a pas de quoi fouetter un chat. On n'est pas en période de vaches maigres chez les Savignon que je sache !
– Un orage chez nos tourtereaux, quel dommage ! déplore Mélanie.

Une grosse colère

– Il y a une scène de ménage, chuchote Mélanie à l'oreille de Rémi qui prend l'air de la campagne sur le pas de la porte.
– Je sais, mon frère s'est fâché tout rouge car Lili a acheté un cabriolet sans lui en parler. Pourtant ce n'est pas important. On n'est pas dans la misère chez les Savignon que je sache !
– Une dispute chez nos amoureux, quel dommage ! déplore Mélanie.

Le chat est dans l'horloge

Il y a une scène de ménage. Il s'agit d'une expression typique du Nord de la France. On dit alors « L'cat i-est dins l'horloche ». Les disputes de couples effraient le chat, de nature paisible et pacifique. Jusqu'à ce que l'orage passe, il se réfugiait dans l'horloge ayant la taille d'un placard dans certaines régions.

Monter sur ses grands chevaux

Être en colère. Les chevaux de bataille que l'on utilisait pour la guerre étaient inévitablement les plus grands. Les guerriers avaient tout loisir de dominer l'ennemi. On emploie cette expression depuis le XVIe siècle. On est donc en colère pour mettre l'autre à terre. Mais si l'on évoque « un grand cheval », il s'agit d'une femme grande et costaude, d'allure masculine.

Période de vaches maigres

Cette expression signifie la pénurie. Georges Planelles, auteur de *Les 1 001 expressions préférées des Français,* explique : « Il ne faut pas chercher très loin pour comprendre qu'en période de pénurie, les vaches sont maigres car elles mangent peu, alors qu'elles sont bien grasses en période d'abondance. » L'image est donc très claire.

Prendre la mouche

Lorsque le défilé de mode s'achève, Jenny se dirige vers le mannequin et lui parle à l'oreille.
– J'en parlerai à mon cheval ! lance la jolie femme qui vraisemblablement prend la mouche.
Jenny a horreur de passer la brosse à reluire.
Élisa partage son avis :
– C'est vrai, cette tenue lui va comme des guêtres à un lapin.

Susceptible

Lorsque le défilé de mode s'achève, Jenny se dirige vers le mannequin et lui parle à l'oreille.
– Je me moque de ce que vous me dites ! lance la jolie femme qui vraisemblablement s'est vexée.
Jenny a horreur de flatter autrui. Élisa partage son avis :
– C'est vrai, cette tenue lui va très mal.

En parler à son cheval

N'attacher aucune importance à ce que l'on nous dit. Si le cheval est indifférent à notre glose, il est réceptif à certaines interjections qui le font avancer : « Hue », arrêter : « Ooooh ». C'est au son de la voix qu'il se laisse guider. *L'homme qui murmurait à l'oreille des chevaux,* film de Robert Redford tiré du roman éponyme de Nicholas Evans, en est l'illustration.

Prendre la mouche

Se vexer. Le mot « mouche » dans la pensée collective, jusqu'au XVIe siècle, englobait tous les insectes volants. On se faisait piquer par un taon, une abeille dite « mouche à miel », un moustique. L'insecte piqueur a la particularité de nous faire réagir brutalement, comme si on entrait dans une vive colère.

Aller à quelqu'un comme des guêtres à un lapin

Cet habit ne va pas à cette personne. Cela équivaut à l'expression « aller comme un tablier à une vache ». On imagine le lapin aux longues pattes arrière détaler avec des guêtres, il n'aurait pas la même allure, ni la même vitesse.

Une humeur de chien

– L'ours indique que Jérémie travaille toujours dans ce magazine, en déduit Christelle.
– Voilà qui est rassurant tant on l'a vu peigner la girafe, réplique Léa.
– Revenons à nos moutons, dit Francine. Ne trouvez-vous pas qu'Amélie en ce moment est d'une humeur de chien ?
– M'est avis qu'elle a ses ours, répond Ernest qui fait des messes basses.

Un repoussoir

– Le pavé du journal indique que Jérémie travaille toujours dans ce magazine, en déduit Christelle.
– Voilà qui est rassurant tant on l'a vu ne rien faire de ses dix doigts, réplique Léa.
– Revenons à notre sujet, dit Francine. Ne trouvez-vous pas qu'Amélie en ce moment est aimable comme une porte de prison ?
– M'est avis qu'elle a ses règles, répond Ernest sur le ton de la confidence.

L'ours

Encadré publié dans une publication mentionnant la composition de la direction, rédaction, services administratifs, publicité, etc. Dans *Les Illusions perdues,* Balzac décrit le mouvement du compagnon pressier appelé l'Ours. « Le mouvement de va-et-vient, qui ressemble assez à celui d'un ours en cage, par lequel les pressiers se portent de l'encrier à la presse et de la presse à l'encrier. »

Peigner la girafe

Ne rien faire, se la couler douce. Ni le poil ras, ni les sabots, ni la tête dure avec six cornes osseuses sur le front et recouvertes de peau ne se prêtent au peignage. Et la girafe, haute de 5,90 mètres ne s'allonge pratiquement pas, excepté pour s'endormir quelques minutes à chaque fois. Il n'y a donc rien à faire. C'est peinard !

Une humeur de chien

De mauvaise humeur, agressif. Cela consiste à se montrer déplaisant, grognon, hargneux comme un roquet.

Avoir ses ours

Avoir ses règles. Une période où l'humeur féminine n'est pas au beau fixe. Faut-il y voir un rapprochement avec le caractère bourru de l'ours mal léché ? Jadis on disait « avoir ses jours ». Jusqu'à la fin du XIXe siècle, « ours » se prononçait « our ». Il a suffi d'avoir un bœuf sur la langue pour que naisse l'expression.

Vexé comme un pou

On pria Léon de nous raconter ce souvenir qui le hantait. Ce fameux jour où on l'avait coiffé d'un bonnet d'âne. Il avait été vexé comme un pou. Lui-même se demandait si cette scène d'école n'était pas à l'origine de son caractère de chien. Il avait la tête près du bonnet.

Léon se sent morveux

On pria Léon de nous raconter ce souvenir qui le hantait. Ce fameux jour où on lui avait mis sur la tête le trophée des derniers de la classe. Il avait été très humilié. Lui-même se demandait si cette scène d'école n'était pas l'explication de son vilain caractère. Il était très susceptible.

Le bonnet d'âne

Bonnet que l'on met sur la tête d'un élève indiscipliné ou qui obtient de mauvais résultats. Ce bonnet est complété de deux appendices dressés qui représentaient les oreilles d'âne. Cette punition consistait à humilier l'élève, risée de toute la classe. C'est ignorer une leçon de sciences naturelles ou d'éthologie, selon laquelle *asinus* est un équidé fort intelligent mais têtu. Alors tout nigaud était traité d'âne.

Vexé comme un pou

Humilié. En fait, il ne s'agit pas de l'insecte qui apparemment ne manifeste guère de fierté, mais du coq que l'on appelait *poul*, du latin *pullus* (*pulla* signifiant « la poule »). Sachant que ce gallinacé aime se pavaner au milieu de toutes ses poules, sur lesquelles il règne sans essuyer les plâtres, on en déduit qu'en cas de défaite, sa fierté en prend un coup.

Caractère de chien

Mauvais caractère. Cela équivaut à humeur de chien, cet animal ayant représenté tout l'aspect négatif de l'homme. La domestication du chien est passée par plusieurs phases. Avant son adoption à l'intérieur de la maison, sa reconnaissance de « meilleur ami de l'homme » et son statut de chien d'assistance pour les non-voyants et les personnes handicapées, il était toujours à l'extérieur, quelles que soient les conditions atmosphériques. On pouvait l'entendre aboyer, japer, grogner, gémir. Ses différents modes d'expression laissaient penser qu'il n'avait pas bon caractère.

ATTITUDES

Noyer le poisson

Alice est une experte pour ménager la chèvre et le chou. Son mari a beau faire l'âne pour avoir du son, elle sait pertinemment que, comme un chat, elle retombe sur ses pattes. Alors pour noyer le poisson, elle fait patte de velours et il mord à l'hameçon. Cela se voit à ses yeux de merlan frit.

Avoir du chien

L'œil allumé, Luigi, installé à la terrasse du Chat-Noir auprès d'Angelo, ne rate pas une miette du paysage. Une élégante passe rapide comme l'éclair.
– Cette femme a du chien, dit-il.
Le voici tout émoustillé. Un chien fou, avec ses cheveux en bataille !
– Les chiens ne font pas des chats, commente Angelo. C'est la fille de Georges Bauné.

La classe !

L'œil vif, Luigi, installé à la terrasse du Chat-Noir avec Angelo, voit tout ce qui se passe. Une élégante passe à vive allure.
– Cette femme a de la tenue, dit-il.
Le voici tout émoustillé. Excité, éméché, les cheveux broussailleux.
– Elle a de qui tenir, lui répond Angelo, c'est la fille de Georges Bauné.

Avoir du chien

Être distingué et en plus être sexy ; avoir du charme. Quel rapport entre une jolie femme coquine et le chien ? Sans doute que la belle, qui a du sex-appeal, est un peu canaille. Rappelons que *canis,* en latin, a donné le mot « chien », ainsi que « canaille », « canicule », etc. Il arrive que la bombe se présente avec des chiens, c'est-à-dire porte une frange sur le front.

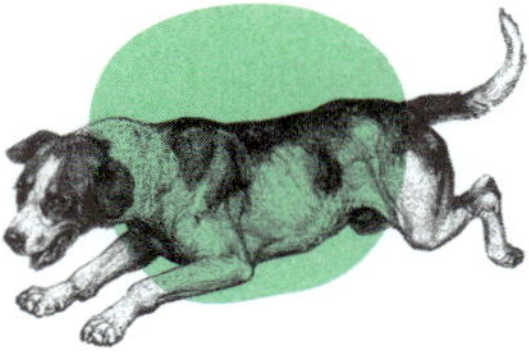

Les chiens ne font pas des chats

On hérite des traits et parfois des goûts de ses géniteurs. Cela semble être une lapalissade, mais cette expression est explicite et claire. Rien de plus naturel et logique que de transmettre ce que l'on est à sa descendance. A-t-on déjà vu un félidé engendrer un canidé et vice versa ? À chacun sa lignée génétique et les effets à prévoir.

Chien fou

Échevelé, excité. L'expression vaut autant pour le physique que pour le comportement. Cela évoque le jeune chiot en train de jouer, qui ne maîtrise pas sa joie, s'agite et communique son plaisir de vivre.

Faire un effet bœuf

Bertrand se régala d'un bœuf mode chez sa cousine à la mode de Bretagne, cette dernière, rusée comme un renard, lui mit le pied à l'étrier. De retour à la ville, Bertrand entreprit de grandes transformations dans son magasin. Son commerce fut un succès et fit un effet bœuf auprès des femmes.

Bluffant !

Bertrand dégusta avec grand plaisir un bœuf mode chez sa cousine lointaine. Cette dernière très maline trouva la solution pour l'aider à réussir. De retour à la ville, Bertrand s'attela à de grandes transformations dans son magasin. Son commerce fut un succès et il fit grande impression auprès des femmes.

Le bœuf mode

Recette de cuisine constituée de bœuf, carottes, bouquet. On dit également pour cette même recette : bœuf à la mode.

Rusé comme un renard

Le Goupil est associé depuis toujours à la finesse, l'habileté, la ruse. Il sort vainqueur des situations les plus emberlificotées. Dans le *Roman de Renart*, il humilie Ysengrin le loup dont il fait le souffre-douleur. La Fontaine dans « Le corbeau et le renard » et d'autres fables s'en est donné à cœur joie pour présenter les défauts de ce malin.

Mettre le pied à l'étrier

Aider quelqu'un à réussir. Cette expression née vers 1750 est liée au monde équestre. L'étrier est l'anneau métallique qui permet au cavalier de poser son pied le long du flanc du cheval pour se hisser sur la selle. Ce simple détail est d'une aide précieuse pour le débutant ou bien pour un cavalier moins souple ou de petite taille. C'est le départ pour la course, la réussite !

Faire un effet bœuf

Impressionner. La référence à ce bovidé provient de la détermination qui émane de cet animal. Une force stupéfiante. C'est toujours le bœuf qui reste le plus efficace pour tirer les lourds charrois ou bien les hommes. Les rois fainéants (les Mérovingiens) n'ont-ils pas défilé dans un char à bœufs ? Utilisé pour le travail dans l'Antiquité, poussant le joug en baissant la tête, le bœuf ne chôme pas. Animal de trait, de labour, de bât, *Bos taurus*, qui pèse entre 700 et 1 200 kilogrammes, est la bête de travail par excellence. Ses coups de collier nous laissent baba et nous font un effet bœuf !

Avoir vu le loup

Cela ne fait pas l'ombre d'un doute : entre Maurice et la belle Héloïse, excitée comme une puce, ça marche du feu de Dieu.
– M'est avis qu'il y a anguille sous roche, dit la poissonnière.
– J'en mettrais ma main au feu qu'elle a vu le loup, grommelle son mari.
– Oh ! ce n'est pas un mauvais cheval, reconnaît la mégère en pensant au prétendant. Mais c'est un vieux loup de mer, il a l'âge de ses artères.

La toute première fois

C'est une certitude : entre Maurice et la belle Héloïse, extrêmement excitée, ça fonctionne à la perfection.
– Je crois bien qu'une idylle se trame, dit la poissonnière.
– Je jurerais qu'elle n'est plus vierge, grommelle son mari.
– Oh ! ce n'est pas un homme sans valeur, reconnaît la mégère en pensant au prétendant. Mais c'est un vieux marin aguerri qui a de l'âge.

Excité comme une puce

Survolté, affairé, énervé. Sans répit, hyperactive, la puce, bien qu'elle soit dépourvue d'ailes et de queue, saute, grimpe et suce le sang de son hôte. Elle est pleine de vitalité et peut pondre de 20 à 30 œufs par jour.

Il y a anguille sous roche

Quelque chose se prépare dont il faut se méfier. Rabelais utilise l'expression (au XVIe siècle). L'anguille est à l'abri sous la roche, nul ne peut deviner sa présence. Elle ne s'active qu'en pleine nuit. Ajoutons que le verbe *guiller* signifiait « tromperie, ruse, astuce », ce qui corrobore la notion de complot.

Avoir vu le loup

Avoir perdu sa virginité. Auparavant l'expression concernait les chasseurs ayant croisé ou chassé le loup. L'érotisme accolé au loup est réapparu au XVIIe siècle, comme on peut le lire de manière déguisée dans *Le Petit Chaperon rouge*. Le loup est le symbole de la virilité et de l'acte sexuel.

Un vieux loup de mer

Marin compétent et solitaire, et qui pour être expérimenté a forcément de la bouteille, mais qui est devenu bourru et désagréable. À l'instar des vieux loups – non pas les loups que l'on trouve en mer tels les bars –, il se retire, exclu par la meute, c'est-à-dire la société, et vit seul.

Des yeux de merlan frit

À la porte du bahut, Andrea raconte à ses copains :
– Pour venir en scooter, c'était chaud, on m'a fait une queue de poisson.
Romuald enchaîne :
– Ce matin dans le métro, on était serrés comme des sardines. J'avais un thon devant moi qui me faisait des yeux de merlan frit.
Et chacun ajoute son grain de sel dans ce roman-fleuve.

Le regard vide

À la porte du lycée, Andrea raconte à ses copains :
– Pour venir en scooter, c'était limite dangereux, un véhicule m'a dépassé et s'est aussitôt rabattu.
Romuald enchaîne :
– Ce matin dans le métro, on était agglutinés.
J'avais une fille laide devant moi qui me faisait des yeux énamourés et vides.
Et chacun ajoute un petit détail dans cette longue histoire à moitié vraie à moitié inventée.

Faire une queue de poisson

Pratique qui consiste à dépasser un automobiliste en se rabattant trop près et trop précipitamment devant le véhicule. Cela évoque la nage des poissons qui passent les uns devant les autres.

Être serrés comme des sardines

Être collés les uns aux autres. L'image fait songer aux sardines à l'huile mises en boîte, bien alignées.

Un thon

Une fille laide. Cette similitude avec le poisson rond, dense et robuste est judicieuse. Parmi une douzaine d'espèces, on compte *Thunnus obesus* (Thon obèse), tête peu engageante, grosse gueule et œil fixe. Mais les mauvaises langues oublient que le thon a une chair savoureuse !

Faire (avoir) des yeux de merlan frit

Avoir des yeux inexpressifs. Cette expression peu élogieuse est d'autant plus moqueuse qu'elle est souvent destinée aux amoureux. Au XXe siècle, on disait que les amoureux qui se regardaient dans le blanc des yeux faisaient « des yeux de carpe frite ». Certes, on ne peut avoir le regard plus éteint qu'après avoir été pris dans le filet (de l'amour) et passé à la casserole.

Cochon qui s'en dédit

Au restaurant du Coq-d'Or, le chef cuisinier réunit ses commis. La poule au pot est au goût du jour. « J'en ferai mon cheval de bataille, dit-il. Comme à l'époque d'Henri IV, je veux que ce plat traditionnel soit au menu chaque dimanche. Et alors pas question de faire un four », dit-il en fixant ses employés. On lève son verre au succès de cette nouveauté. Chacun promet de s'appliquer. Cochon qui s'en dédit.

Un porc qui n'a aucune parole

Au restaurant du Coq-d'Or, le chef cuisinier réunit ses commis. La recette de la poule au pot est d'actualité. « J'en ferai mon thème favori pour réussir, dit-il. Comme à l'époque d'Henri IV, je veux que ce plat traditionnel soit au menu chaque dimanche. Et alors pas question d'échouer ! » dit-il en fixant ses employés. On lève son verre au succès de cette nouveauté. Chacun promet de s'appliquer. Celui qui ne tient pas parole est un salopard.

La poule au pot

Plat gastronomique traditionnel. En France, le roi Henri IV a institué la poule au pot le dimanche après avoir formulé ce souhait : « Si Dieu me donne encore de la vie, je ferai qu'il n'y aura point de laboureur en mon Royaume qui n'ait moyen d'avoir une poule dans son pot. »

Un cheval de bataille

Argument de premier plan. C'est toujours sur son meilleur destrier que le cavalier partait à la bataille. Il n'aurait pas échangé son cheval pour un empire. Et toujours avec le même cheval, il revenait de guerre triomphal.

Cochon qui s'en dédit

Qui ne tient pas parole est égal à un cochon. L'expression est dédaigneuse à l'égard du cochon. Pourquoi serait-il le bouc émissaire alors qu'au même titre que les autres animaux il n'a pas la parole ? Il se contente de grogner. Mais le cochon, dans lequel tout est bon, est accusé de tous les maux.

Comme une poule qui a trouvé un couteau

Pour noyer le poisson, Jean-Édouard la présenta comme sa nièce. Agnès était comme une poule qui a trouvé un couteau. Certains tentèrent de la cuisiner. Mais très vite, on s'aperçut que sa nouvelle compagne avait une cervelle de moineau. « Qui se ressemble s'assemble », fit remarquer le doyen de l'assemblée.

Agnès est désorientée

Pour emberlificoter son monde, Jean-Édouard la présenta comme sa nièce. Agnès était désemparée. Certains tentèrent de lui poser des questions. Mais très vite, on s'aperçut que sa nouvelle compagne n'était pas intelligente. « Qui se ressemble s'assemble », fit remarquer le doyen de l'assemblée.

Noyer le poisson

Emberlificoter quelqu'un. En quelque sorte, on lui fait avaler des couleuvres. L'expression du XXe siècle fait référence à une technique de pêche : pour épuiser et noyer le poisson, on le maintient successivement accroché à l'hameçon dans l'eau, puis hors de l'eau. Cette image est associée au manège selon lequel on embrouille quelqu'un. Le poisson n'a ici aucun moyen de s'en tirer vivant.

Comme une poule qui a trouvé un couteau

Être déconcerté, désemparé. On se doute que cette trouvaille chez ce galliforme ne vaut pas un pet de lapin et que pour la poule cet ustensile ne donne pas de grain à moudre.

Une cervelle de moineau

Une petite tête, être bête. L'expression figure dans le *Dictionnaire de l'Académie française*, huitième édition (1932-1935). Voilà qui n'est guère flatteur pour ce petit passereau, mais les oiseaux ne sont pas épargnés dans notre langage.

Crier comme un putois

Au marché aux fleurs, on entend Vadim, haut comme trois pommes, crier comme un putois :
– Trois euros, la menthe fraîche, trois euros !
Myope comme une taupe, Maggy se faufile telle une anguille à travers les étals.
– Trois euros, la menthe fraîche, trois euros, ma p'tite dame !
Sourde comme un pot, Maggy lance de sa voix de crécelle :
– Alors, mettez-m'en trois pour trois euros !

Vadim nous casse les oreilles

Au marché aux fleurs, on entend Vadim, du haut de sa petite taille, crier d'une voix perçante et forte :
– Trois euros, la menthe fraîche, trois euros !
La vue basse, Maggy se glisse avec aisance entre les étals.
– Trois euros, la menthe fraîche, trois euros, ma p'tite dame !
L'ouïe défaillante, Maggy lance de sa voix aiguë :
– Donnez-m'en trois pour trois euros !

Crier comme un putois

Crier d'une voix aiguë. L'expression laisse entendre un manque de discrétion, comme parler fort au cinéma ou dans un lieu sacré. *Mustela sputorius putorius* est d'ordinaire discret, nocturne et silencieux. Mais s'il est menacé, ce mustélidé brun foncé à la tête claire – à ne pas confondre avec la moufette à la fourrure noir et blanc des dessins animés tel *Pépé le putois* – gronde, glousse et siffle. Cela s'entend !

Être myope comme une taupe

Avoir une vue défaillante. La taupe est un insectivore presque aveugle. Elle ne distingue pas les objets. C'est grâce à son odorat qu'elle détecte ses proies. La seule chose qui lui saute aux yeux est la différence entre le jour et la nuit.

Se faufiler comme une anguille

Se glisser en étant insaisissable, à l'instar de l'anguille, poisson serpentiforme au corps visqueux, qui vit en eau douce et dans la vase.

Une voix de crécelle

La crécelle est un rapace qui pousse un cri aigu, véritable perce-oreilles, identique à celui de l'instrument de musique en bois dont le son est très bruyant. Dans le midi de la France, la crécelle est nommée *renet* ou « rainette », car elle imite le coassement de la grenouille.

La queue entre les jambes

Cours de français au lycée Voltaire. Au tableau, le professeur se ronge les sangs. Ce brouhaha est inhabituel un lundi matin. Rouge comme une écrevisse, il se retourne brusquement.
« Poisson d'avril ! » s'écrient les élèves.
Alors Régis, pris pour un pigeon par ses élèves, ôte maladroitement le poisson accroché à son pull-over et, sans humour, la queue entre les jambes, demande le silence.

Le prof a la honte !

Cours de français au lycée Voltaire. Au tableau, le professeur est soucieux. Ce brouhaha est inhabituel un lundi matin. La mine écarlate, il se retourne brusquement.
« Poisson d'avril ! » crient les élèves.
Alors maladroitement, Régis ôte le poisson accroché à son pull-over et, sans humour, honteux, demande le silence.

Rouge comme une écrevisse

Rougir, rouge vif, notamment après un coup de soleil. La référence à l'écrevisse vaut lorsque celle-ci est cuite. Ce crustacé décapode est de couleur grise dans son biotope. À moins que l'on ne songe à *Astacus astacus*, l'écrevisse à pattes rouges, ou encore *Procambarus clarkii*, l'écrevisse de Louisiane, reconnaissable à ses petites taches rouges sur les pinces.

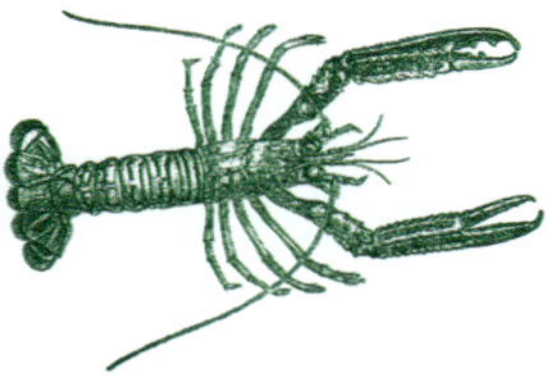

La queue entre les jambes

Être honteux, humilié. Telle est l'attitude du chien lorsqu'il est puni. On applique l'expression à l'homme qui n'en mène pas large.

Être pris pour un pigeon

Se faire escroquer. Vient du terme « pigeonner » utilisé par les braconniers au XVIe siècle. Cela consistait à tendre des pièges pour attraper les pigeons.

Poisson d'avril !

Exclamation que l'on fait lorsque la plaisanterie est découverte. Cette tradition du premier jour du mois d'avril remonte à 1564 en France. Charles IX décida que l'année commencerait le 1er janvier et non plus le 1er avril. Le temps que l'on s'y habitue, certains faisaient des farces aux naïfs qui n'avaient pas encore mis les pendules à l'heure.

C'est le chien de Jean de Nivelle

À l'atelier, Nathalie veut rompre les chiens. Mais lorsqu'il s'agit de calmer les faucons, son collègue Simon est comme le chien de Jean de Nivelle. Alors, elle choisit une autre stratégie et cite en exemple ceux qui restent sages comme des images. « Prenez-en de la graine ! » lance-t-elle.

Ne comptez pas sur lui

À l'atelier, Nathalie veut faire cesser cette dispute qui s'aggrave. Mais lorsqu'il s'agit de calmer les gens belliqueux, on ne peut plus compter sur son collègue Simon. Alors, elle choisit une autre stratégie et cite en exemple ceux qui restent immobiles sans broncher. « Suivez leur exemple ! » lance-t-elle.

Rompre les chiens

Mettre fin à la dispute avant que cela tourne au vinaigre. C'est un terme de chasse qui consiste à arrêter les chiens avant qu'ils ne se dirigent vers une mauvaise voie.

Les faucons

Les gens d'un caractère belliqueux. Faucon hobereau, faucon d'Éléonore, faucon crécerelle sont des rapaces diurnes qui pratiquent l'art de l'attaque. Ils sont armés d'un bec courbé aux bords tranchants et de serres qui lacèrent leurs cibles. La taille, l'épaisseur et la courbure des ongles, la longueur et la force des pattes et des doigts sont en relation avec le mode de chasse du rapace. Avant de fondre sur leur proie, ils maîtrisent parfaitement le vol sur place, dit « vol en Saint-Esprit » pratiqué par le faucon crécerelle, ou encore le vol plongeant comme chez le faucon pèlerin réputé pour ses piqués foudroyants. De vraies machines de guerre.

Comme le chien de Jean de Nivelle qui s'en va quand on l'appelle

Quelqu'un sur qui on ne peut compter. À vrai dire, le chien n'est pas concerné. Il s'agit d'un homme, Jean de Nivelle, que son père déshérita en le traitant de chien. Il le jugeait couard et poltron de ne pas avoir combattu les ducs de Bourgogne aux côtés de Louis XI. C'est ainsi que le mot « chien » est devenu une injure.

Poser un lapin

On marchait tous à la queue leu leu, soucieux d'arriver à l'heure. Mais une fois devant le portail de Régis, on eut beau patienter, tirer la chevillette, à l'évidence, il nous avait posé un lapin. « Quel mufle ! Il charge la mule », disait-on. Nous habitions au diable vauvert et les plus petits avançaient comme des tortues.

Même pas au rendez-vous

On marchait tous les uns derrière les autres, soucieux d'arriver à l'heure. Mais une fois devant le portail de Régis, on eut beau patienter, sonner, à l'évidence, il manquait au rendez-vous. « Quel mufle ! Il exagère », disait-on. Nous habitions très loin et les plus petits marchaient à pas lents.

À la queue leu leu

En file indienne, les uns derrière les autres comme les loups. Le mot *leu* signifie « loup » comme on peut le voir sur les panneaux des villages : Saint-Leu pour Saint-Loup. Les loups marchent queue à queue. C'est aussi un jeu d'enfant pratiqué dans les cours d'école. On se suit, on joue au petit train.

Poser un lapin

Ne pas être présent à un rendez-vous. En 1880, on appelait « lapin » l'homme qui partait sans rétribuer les faveurs d'une prostituée. Claude Duneton, auteur de *La Puce à l'oreille,* se réfère plutôt à *Nana*, d'Émile Zola. « Depuis trois mois, elle le faisait poser, jouant à la femme comme il faut, afin de l'allumer davantage. » « Laisser poser » signifie « attendre ». Une prostituée, pour se venger d'un malhonnête, lui aurait-elle donc posé un lapin ?

Charger la mule

Exagérer, accabler quelqu'un de tous les maux. Au XVIIIe siècle, on disait « très lourdement chargé », puis l'image de la mule s'est ajoutée pour souligner la notion de surcharge. On sait en effet que la mule est un animal de bât d'une grande résistance, mais lorsqu'elle n'avance plus, c'est qu'on a peut-être trop exagéré.

Faire patte de velours

Le cafard aidant, Louis-Marie se sent harcelé par cette phrase que lui avait dite sa mère : « Il ne faut pas lâcher la proie pour l'ombre. » Il avait bien tenté de faire patte de velours, mais jalouse comme une tigresse, sa femme n'avait pas toléré la présence d'Annie, sa rivale, à son anniversaire. Elle resta sourde à ses avances.

Louis-Marie fait le gentil

Attristé, Louis-Marie se sent harcelé par cette phrase que lui avait dite sa mère : « Il ne faut pas abandonner ce que l'on possède pour moins bien. »
Il avait bien tenté d'être doux et gentil, mais d'une violente jalousie, sa femme n'avait pas toléré la présence d'Annie, sa rivale, à son anniversaire. Elle resta insensible à ses tentatives de reconquête.

Avoir le cafard

Être triste. Le cafard au sens littéraire désigne aussi un hypocrite, un faux dévot ; tout de noir vêtu, il inspirait la défiance et les idées noires. Cela correspond à « avoir le bourdon ». Mais le cafard rampe. Est-ce pire que de voler comme l'insecte ? Il se peut qu'à terre, on ait davantage l'impression d'être au ras des pâquerettes. Faible perspective !

Il ne faut pas lâcher la proie pour l'ombre

Il ne faut pas abandonner ce que l'on a pour trouver moins bien ou pour un souhait illusoire. Jean de La Fontaine y fait allusion dans une courte fable « Le chien qui lâche sa proie pour l'ombre ».

Faire patte de velours

Être gentil et doux pour obtenir quelque chose. L'expression fait référence au chat dont les griffes sont rétractiles. Il les rentre et les sort selon l'humeur. Il arrive que ce petit malin fasse patte de velours pour demander à manger. En réalité, il est toujours doux comme du velours en compagnie de son maître. Dès l'âge tendre, il apprend à ne pas griffer : la mère chatte veille au grain.

Jalouse comme une tigresse

Une jalousie excessive, disproportionnée. La tigresse dans l'inconscient collectif est plus agressive que le tigre qui, cependant, tue même sans avoir faim. Lorsqu'une femme est désignée sous le nom de tigresse, elle est violente et aussi sensuelle, très passionnée.

Un chien regarde bien un évêque

Un chien regarde bien un évêque, se dit Bruno en entrant dans la gendarmerie. Un chien de commissaire l'accueille.
– Le chef brigadier est absent pour maladie, dit ce dernier.
Bruno prend le taureau par les cornes. Il n'avait que peau d'âne en poche, mais il saisit sa chance.
– A-t-on besoin d'un remplaçant ?
En un tour de main, l'affaire est dans le sac.
Le voici casé.

Bruno n'a pas froid aux yeux

Il n'est pas interdit de regarder ses supérieurs, se dit Bruno en entrant dans la gendarmerie. Un secrétaire du commissariat l'accueille.
– Le chef brigadier est absent pour maladie, dit ce dernier.
Bruno affronte l'obstacle. Il n'avait qu'un diplôme sans valeur, mais il saisit sa chance :
– A-t-on besoin d'un remplaçant ?
Rapidement tout est réglé. Le voici casé.

Un chien regarde bien un évêque

Même les gens les plus humbles sont autorisés à regarder leurs supérieurs. Le résultat est que l'on est toujours jugé par autrui. L'expression est explicite : un chien n'a évidemment pas le réflexe de baisser les yeux devant un homme d'Église. Pour lui, c'est un homme comme les autres, quelle que soit sa fonction.

Un chien de commissaire

Le secrétaire d'un commissaire de police. Ce dernier est censé être aux côtés de son supérieur comme l'est un chien fidèle, attentif aux désirs de son maître. L'expression, cependant, laisse supposer que ce dernier est traité comme un chien et doit obéir aux ordres.

Prendre le taureau par les cornes

Affronter les difficultés sans faiblir. L'image est rude car il faut un courage exceptionnel ou une inconscience sans limite pour saisir un taureau par les cornes. À la fin du XVIIIe siècle, l'expression figure dans un texte de Guillaume de Lamberty : « C'étoit d'autant qu'il avoit ouï dire au feu Duc de Schomberg, le Père, que d'attaquer la France dans les Païs-Bas, c'étoit prendre un Taureau par les cornes. »

Peau d'âne

Un diplôme sans valeur. D'une peau d'âne, on ne fabrique jamais un manteau. La robe de Cadichon n'a donc aucune valeur marchande. *Peau d'âne,* c'est aussi le titre d'un conte de Perrault. La jeune fille, vêtue de ce drôle d'habit, est perçue comme « la plus vilaine bête après le loup ; une peau noire, une crasseuse ».

Faire l'âne pour avoir du son

Blanc comme un linge, Jim respire l'air frais à la fenêtre. Depuis une semaine, il a une fièvre de cheval.
– N'avez-vous pas eu les yeux plus grands que le ventre ? questionne monsieur Ho Yin, le médecin, qui fait l'âne pour avoir du son.
– J'ai peut-être un peu abusé des dents-de-loup, avoue le patient. Votre diagnostic, docteur ?
Le Dr Ho Yin connaît la musique :
– C'est une indigestion, mon garçon !

Comment en savoir plus ?

Très pâle, Jim respire l'air frais à la fenêtre. Depuis une semaine, il a une forte fièvre.
– N'avez-vous pas été trop gourmand ? questionne le médecin pour en savoir plus.
– J'ai peut-être un peu abusé de biscuits dents-de-loup, avoue le patient. Votre diagnostic, docteur ?
Le Dr Ho Yin n'est pas étonné :
– C'est une indigestion, mon garçon !

Faire l'âne pour avoir du son

Rester sur ses positions pour obtenir quelque chose. L'expression qui n'est pas née d'hier signifie plutôt « faire le naïf ». On ne croyait pas à l'intelligence de l'âne. Ce dernier était perçu à tort comme dépourvu de finesse. Décideur et obstiné, résistant et infatigable, l'âne, jadis appelé « le cheval du pauvre », a ceci de différent avec la plus noble conquête de l'homme : il ne se dresse pas, mais s'éduque… C'est dire, malgré sa tête de mule, toute son intelligence. Ainsi, l'âne, plus subtil, reste sur ses positions. S'il ne veut plus avancer, on lui donne du son afin de débloquer la situation.

Une fièvre de cheval

Une fièvre élevée, carabinée. On tremble, on a la chair de poule, tel l'équidé qui a la peau hérissée s'il est agité. On respire fort. Ainsi, le cheval aux narines étirées nous souffle dans les naseaux. Au repos *Equus caballus* respire de 7 à 15 fois par minute, et jusqu'à 45 fois après l'effort. Son pouls bat de 32 à 44 pulsations par minute, et en cas de fièvre, il peut être supérieur et atteindre 160 à 250 pulsations.

Dents-de-loup

Ce sont des biscuits secs que l'on réalise sur une plaque en tôle ondulée en dents de scie, celle-ci est appelée plaque « dents de loup ». Ces croustillantes spécialités alsaciennes, à base de farine, de beurre, d'œufs et de sucre vanillé, prennent alors la forme de crocs de loup.

Courir deux lièvres à la fois

Tout avait démarré sur des chapeaux de roue.
– Minute papillon ! fit Hector, tandis que la belle filait à l'anglaise.
Fier comme un paon, il n'insista pas davantage, prit ses cliques et ses claques et rongea son frein.
Cela lui apprendra à courir deux lièvres à la fois.

Au risque de tout perdre

Tout avait démarré beaucoup trop vite.
– Doucement ! fit Hector, tandis que la belle s'en allait discrètement sans prévenir.
Se prenant pour le plus fort, il n'insista pas davantage, s'en alla et eut du mal à contenir son impatience.
Cela lui apprendra à vouloir faire deux choses à la fois, il a tout raté.

Minute papillon !

Doucement. Le lépidoptère qui va de fleur en fleur fait bien de se poser un peu. Sa vie est courte ! Certes, il a passé beaucoup de temps à se transformer avant de devenir papillon. La reproduction se déroule en quatre stades : l'œuf, la chenille (ou larve), la chrysalide (ou pupe), que l'on nomme également nymphe, et enfin, le papillon naît. Qu'il prenne le temps de choisir sa fleur préférée pour aspirer le nectar avec sa trompe ! On le voit se délecter de débris de feuilles, de la moelle des arbres ou du bois. Savoir qu'il se repose sur une fleur ou sur la rocaille avant de reprendre son envol correspond au répit et au temps de la réflexion pour les hommes.

Courir deux lièvres à la fois

Vouloir atteindre deux objectifs au risque de les rater. Dans le milieu de la chasse, on se garde de lever deux lièvres : impossible de viser l'un ou l'autre, chacun allant à vive allure dans une direction opposée. Chasse à courre, chasse galante aussi… S'enticher de deux personnes à la fois conduit à n'en garder aucune. On se trouve alors Gros-Jean comme devant et comme on dit communément on n'a plus rien à se mettre sous la dent !

Compter les moutons

C'est la fête. Dans le jardin, les enfants jouent à « Loup y es-tu ? ». Grand-père, affalé dans son fauteuil, compte les moutons.
Eh bien, dansez maintenant !
Sous la charmille, les mystérieuses demoiselles sont parées d'un loup. Anita, qui loue la chambre du haut, nous propose gentiment des pattes d'ours.

1, 2, 3… 101, 102, 103 : dodo !

C'est la fête. Dans le jardin, les enfants jouent au jeu du loup. Grand-père, affalé dans son fauteuil, est prêt à s'endormir.
Eh bien, dansez maintenant !
Sous la charmille, les jeunes filles déguisées sont parées d'un masque. Anita, qui loue la chambre du haut, nous propose gentiment des bonbons aux plantes.

Loup y es-tu ?

Jeu d'enfant qui consiste à se cacher quelque part (derrière un arbre par exemple) afin que le loup ne nous voie pas. Suspense. On pose la question : « Loup y es-tu ? Que fais-tu ? Où es-tu ? » Et le loup de répondre : « Je mets ma chemise… Je mets mon pantalon… Je suis tout près de l'arbre… » Et au fur et à mesure, il s'approche de la cachette. Une fois le joueur touché, ce dernier à son tour prend le rôle du loup. Un jeu amusant pendant lequel on frissonne… C'est ainsi que le loup, depuis des générations, inspire la peur aux enfants… ainsi que la fascination.

Compter les moutons

Imaginer les moutons sautant une haie pour s'endormir. Cette technique est censée favoriser l'endormissement des petits. Néanmoins, le fait de compter nécessite de rester en éveil. Lorsque les bergers comptent leurs moutons, mieux vaut qu'ils ne tombent pas dans les bras de Morphée.

Porter un loup

Porter un masque. Élément de déguisement dans un bal costumé qui cache une partie du visage et installe l'intrigue parmi les sujets.

Patte d'ours

Plante. *Heracleum sphondylium* est une plante fourragère, également médicinale. La tige est fourchue, recouverte de poils raides. Les feuilles inférieures sont longuement pétiolées, avec de grands segments, larges, ovales ou pointus, recouverts de poils mous ou raides. D'où le nom vernaculaire de « patte d'ours ». *Heracleum sphondylium* a plusieurs dénominations : acanthe de l'Allemagne, herbe du diable, berce commune… Quoi de plus pittoresque que la patte d'ours ? On appréciera ces références multiples au bestiaire : patte-de-loup, patte-d'oie, panais de vache, corne de chèvre. On conseille de manger crues les tiges de la patte d'ours qui sont très toniques. On les savoure comme des bonbons, sitôt après la cueillette.

Ménager la chèvre et le chou

En campagne un mois avant les élections,
Bob se doit de ménager la chèvre et le chou.
Mais comment calmer les esprits ?
On lui reproche de faire la mouche du coche.
On le rencontre au marché aux puces, serrant la pince aux badauds. Bob est retombé sur ses pattes !

Bob le diplomate

En campagne électorale un mois avant le jour J, Bob se doit de concilier les opposants. Mais comment rassurer les gens qui espèrent ? On lui reproche de ne rien faire. On le rencontre aux Puces, serrant la main des passants. Bob s'est bien sorti d'affaire !

Ménager la chèvre et le chou

Éviter de contrarier les parties adverses. Cela demande une grande diplomatie, sachant que dans un potager, on aura du mal à garder le chou intact en présence de la chèvre, et à ne pas contrarier la chèvre à qui on interdit de manger le chou. On utilise aussi l'expression « mi-chèvre, mi-chou » pour « satifaire tout le monde ».

Le marché aux puces

Marché en plein air présentant des objets et vêtements disparates. On dit également « les Puces ». Les marchés aux puces trouvent l'origine de leur nom au XIXe siècle. Les ventes de chiffons et vêtements usagés étaient ainsi désignées par ce mot « puces » associé à la pauvreté. Aujourd'hui, les marchés aux puces attirent beaucoup de monde. C'est un lieu très excitant où l'on fait des trouvailles. C'est en quelque sorte un lieu où la mode ne meurt pas.

Retomber sur ses pattes

S'extraire avec adresse d'une situation difficile. Acrobate, le chat a la réputation de toujours retomber sur les pattes. Tout dépend de la hauteur. Car il doit avoir le temps de réaliser le scénario suivant. Il se retourne d'abord par l'avant-train, vire à 180°, retourne l'arrière-train. Au début de sa « plongée », il redresse la tête et le cou, corps étiré, colonne vertébrale allongée. Sa queue devient un axe autour duquel son corps tournoie. Lorsqu'il se retrouve les pattes vers le sol, il les écarte comme on ouvre un parachute, les rapproche lorsqu'il est prêt à atterrir. Son dos se courbe. Posé sur ses quatre pattes, il réussit parfaitement son arrivée à terre, sauf si le sol est inégal. Dans le cas contraire, il peut se fracasser le palais ou, pire, sa chute peut lui être fatale.

Lever un lièvre

C'est en découvrant cette vilaine plume que Marguerite leva un lièvre. On ne pouvait qu'identifier l'empreinte du corbeau sur ce torchon ! À peine eut-elle découvert le pot aux roses, qu'elle voulut mettre les poulets dans le coup. Pas folle, la guêpe ! Il fallait brouiller les pistes afin de faire la peau de cet oiseau de nuit.

Marguerite découvre le pot aux roses

En découvrant ce style médiocre, Marguerite décela un problème inattendu. On ne pouvait qu'identifier sur ce texte ni fait ni à faire l'empreinte du signataire anonyme. Immédiatement, elle voulut mettre les gendarmes dans le coup. Quelle maline ! Il ne fallait pas laisser la voie libre à ce personnage lugubre, on devait le coincer.

Lever un lièvre

Repérer une difficulté imprévue. Le lièvre, qui contrairement au lapin ne vit pas dans un terrier, a l'art de se cacher sous les branchages, feuillages. Au moment où le chasseur, ou son chien, est prêt à le débusquer, il saute en l'air à toute vitesse, d'une manière totalement imprévisible, laissant coi son prédateur.

Le corbeau

Anonyme qui écrit des menaces. Le corbeau considéré comme un dieu dans la mythologie nordique – Hugin, la pensée ; Munin, la mémoire –, est au contraire dans l'histoire, un oiseau mal-aimé, lié aux sorcières. Son plumage noir le rend lugubre et vil. Sa voix est forte, elle semble moqueuse, et on l'associe à l'annonce d'un désastre.

Un oiseau de nuit

Un oiseau de malheur. Les rapaces nocturnes, chouette, hibou étaient la terreur des gens superstitieux.

Pas folle, la guêpe !

Très maline. L'expression a été popularisée grâce à Arletty et sa voix gouailleuse dans *Circonstances atténuantes* de Jean Boyer en 1939.

Tirer les vers du nez

Les randonneurs en pincent pour ce lieu truffé de queues-de-loup. « Depuis toujours on en trouve à foison », dit Myriam qui a une mémoire d'éléphant. Elle longe le bas-côté du talus, étonnée d'y voir des oreilles d'ours. Stupéfait, Jean-Bernard veut lui tirer les vers du nez. Mais elle se tait.

Les moyens de vous faire parler

Les randonneurs aiment ce lieu où pousse en abondance la plante nommée queue-de-loup. « Depuis toujours on en trouve énormément », dit Myriam qui a une très bonne mémoire. Elle longe le bas-côté du talus, étonnée d'y voir des plantes appelées oreilles d'ours. Stupéfait, Jean-Bernard veut en savoir plus. Mais elle se tait.

La queue-de-loup

Plante. *Verbascum densiflorum*, de la famille des scrofulariacées, pousse sur les chemins, dans les champs et les lieux incultes. Elle se reconnaît à ses fleurs jaunes. On l'appelle queue-de-loup, mais aussi bouillon-blanc, molène, herbe de Saint-Fiacre et aussi cierge de Notre-Dame. En effet, elle était très prisée pour décorer les églises. Ses longues tiges enduites de suif étaient transformées en bougies. Une fois allumées, on obtenait une lumière chatoyante. Dans les traditions, la queue-de-loup a plusieurs utilisations. La veille de la Saint-Jean, après avoir brûlé les tiges, on conservait les cendres afin de se protéger du tonnerre. En Allemagne, les jeunes femmes suspendaient des fleurs de queue-de-loup au-dessus de leur lit pour vivre très longtemps.

Avoir une mémoire d'éléphant

Avoir une excellente mémoire. Ce pachyderme possède un crâne large et grand, capable d'abriter mémoire et intelligence. Il fait partie des rares animaux avec le dauphin et le singe à réussir le test du miroir de Gallup, preuve que l'on a conscience de soi. Le plus grand mammifère terrestre (5 mètres de long) a forcément beaucoup de mémoire. Doté de la plus belle longévité (60 ans), il a tout loisir d'engranger un maximum de choses.

Oreille d'ours

Il s'agit d'une plante. *Stachys lanata* ou *byzantina*, de la famille des lamiacées, doit son nom à son feuillage laineux très doux aux formes arrondies.

Tirer les vers du nez

Amener quelqu'un à révéler ce qu'il garde secret. L'expression attestée depuis le XVe siècle, contient le mot « vers », issu de *verum* (« vrai »). Jadis les charlatans prétendaient guérir les gens en retirant du nez les vers soupçonnés d'être la cause de leur maladie.

Vouloir disparaître dans un trou de souris

Lorsque leurs chemins se sont croisés, Amandine aurait voulu disparaître dans un trou de souris. Le galant qui l'accompagnait, un homme au pull vert tricoté par sa mère maille à l'endroit maille à l'envers, avait l'air emprunté. Moche comme un pou.
« Le temps qu'il me dise bonjour, j'ai senti son haleine de chacal », affirme sa copine. Elle est bien de Marseille.

Souhaiter être invisible

Lorsqu'ils se sont croisés, Amandine aurait voulu se cacher pour n'être pas reconnue tant elle avait honte. L'homme qui était avec elle, habillé d'un pull vert tricoté au point de jersey par sa mère, semblait gauche. Il était laid.
« Lorsqu'il m'a dit bonjour, cela m'a suffi pour respirer sa mauvaise haleine », affirme sa copine. Elle exagère.

Vouloir disparaître dans un trou de souris

Avoir honte. Cela signifie que l'on voudrait ne plus exister au moment précis où on parle. Et on songe au pouvoir de la souris qui se faufile dans une fissure ou autre orifice. C'est toujours l'issue appropriée pour lui sauver la vie… pour peu que Minet lui coure après. Un trou de souris équivaut à une chance miraculeuse dans une situation oppressante ou désagréable.

Une haleine de chacal

Une haleine repoussante. On se réfère au chacal non pour l'avoir senti de près, mais parce qu'il se nourrit de charognes. On en déduit que cette alimentation pourrissante ne donne pas à ce canidé une haleine fraîche.

Moche comme un pou

Très laid. Ce parasite n'est pas non plus un exemple d'esthétique. Ce petit insecte de couleur marron clair, qui se déplace très lentement à la surface de la peau, se nourrit du sang de son hôte en provoquant de vives démangeaisons. On le détecte souvent grâce à la présence de ses œufs ou lentes : petits grains blancs fixés le long des mèches de cheveux. Il n'y a vraiment rien de beau dans tout cela.

SOCIÉTÉ

Il ne faut pas prendre les enfants du bon Dieu pour des canards sauvages

Charlie et Charlène s'entendent comme chien et chat. Elle lui cherche des poux sur la tête. Il faut appeler un chat un chat, il l'a accueillie comme un chien dans un jeu de quilles. « On n'a pas élevé les cochons ensemble », lui a-t-il dit. Elle s'en souviendra. En plus, elle a mangé avec les chevaux de bois.

Donner de la confiture aux cochons

Eulalie l'invita à déguster une aumônière aux fruits d'hiver. Elle ignorait qu'elle donnait de la confiture aux cochons. Raymond ne fit que tordre et avaler. Il mangeait comme un porc. Quand elle le raccompagna au portail, l'homme à la démarche d'éléphant avait écrasé les dents-de-lion. Après cette rencontre, Eulalie eut le bourdon. Elle n'avait pas misé sur le bon cheval.

Une trop belle offrande

Eulalie l'invita à déguster un dessert, une aumônière aux fruits d'hiver. Elle ignorait que ce serait un gâchis. Raymond dévora à toute vitesse. Il mangeait salement, sans éducation. Quand elle le raccompagna au portail, le lourdaud avait piétiné les pissenlits. Après cette rencontre, Eulalie fut triste. Elle n'avait pas choisi l'homme qu'il lui fallait.

Donner de la confiture aux cochons

Faire une offrande non appréciée à sa juste valeur. Le cochon est omnivore. Il est facile à nourrir. Il avale avec la même indifférence une marmelade d'orange ou bien un rat mort.

Manger comme un porc

Manger salement. Le suidé n'a pas très bonne réputation en matière de propreté. Il grogne, se dirige précipitamment vers son auge et mange avec grand bruit, tout pour déplaire !

Avoir une démarche d'éléphant

Une démarche lourde et sans grâce. Le pachyderme, qui pèse entre 3,6 et 4,7 tonnes, possède de grosses pattes et de gros pieds. Dans la savane, l'herbe haute est couchée après son passage.

Les dents-de-lion

Le pissenlit. Tel est le nom vernaculaire de *Taraxacum officinale*. Cette fleur jaune produit des feuilles grossièrement dentelées.

Avoir le bourdon

Ne pas avoir le moral. Le bourdonnement de l'insecte ressemble aux idées noires qui vous accaparent l'esprit jusqu'à l'obsession. Ajoutons que le bourdon ne voit pas la vie en rose. Dépourvu d'aiguillon et d'organes de récolte, il a la langue trop courte pour butiner. Impossible de rendre visite aux fleurs ! Pour se nourrir, il est à la merci des abeilles… qui le prennent pour un bon à rien.

Faire avaler des couleuvres

Nom d'un chien ! dit Arthur, j'ai l'impression d'avoir une araignée au plafond ! Edwige me fait tourner en bourrique. Elle veut me faire avaler des couleuvres avec ses histoires à dormir debout. Mais je lui garde un chien de ma chienne, ajoute-t-il, d'un ton vengeur. Elle ne l'emportera pas au paradis !

Raconter des vertes et des pas mûres

Flûte, saperlipopette ! dit Arthur, j'ai l'impression de perdre la raison. Edwige va me rendre fou. Elle veut me faire croire à des inepties avec ses histoires abracadabrantesques. Mais je prépare ma revanche, ajoute-t-il, d'un ton vengeur. Elle ne s'en tirera pas qu'avec des avantages !

Nom d'un chien !

Juron. Cette expression populaire est plus facile à prononcer que « Nom de Dieu ! » qui serait blasphématoire et non respectueux. On a dit « Nom d'une pipe ! » ou « Nom d'un chien ! » à l'époque où le chien n'était pas en odeur de sainteté.

Faire tourner quelqu'un en bourrique

Faire perdre patience par trop d'exigences. On dit aussi « rendre marteau ». L'âne ou l'ânesse, corvéable à merci, est représenté(e) poussant la moissonneuse ou actionnant la meule pour moudre le grain ou presser les olives. L'équidé tourne en rond comme abruti par son travail monotone et épuisant.

Faire avaler des couleuvres

Faire croire n'importe quoi. Le sens est différent dans « avaler des couleuvres » qui veut dire « supporter des humiliations sans gémir ». Les reptiles, dans l'inconscient collectif, représentent le mensonge, la tromperie, tel le serpent qui a induit en erreur – question de point de vue – Adam et Ève. La couleuvre bien qu'inoffensive participe de cette imagerie.

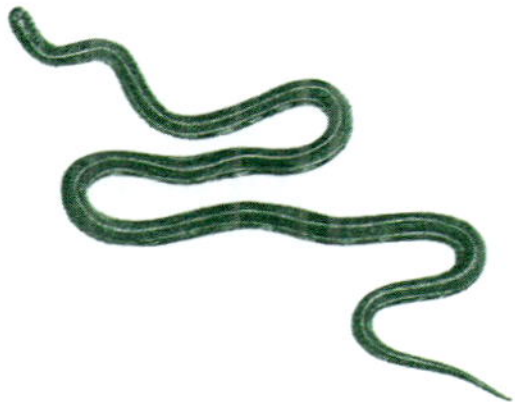

Garder un chien de sa chienne

Garder sa rancune intacte pour préparer sa vengeance. Cela nécessite un certain temps de maturation : la gestation de la chienne est de 63 jours.

La politique de l'autruche

Dans le parc, Étienne met les écureuils à pied ; ses deux fils s'amusent près de la mare.
– Crotte de bique ! Impossible d'attraper ce chouette nénuphar !
– Je croyais que tu avais plusieurs cordes à ton arc, ironise son jaloux de frère.
– Toujours le mot vache. Quel animal !
Pour enterrer la hache de guerre, se dit le père, un seul moyen : faire la politique de l'autruche ! Et vlan, au boulot !

Rien vu, rien entendu

Dans le parc, Étienne coupe les arbres ; ses deux fils s'amusent près de la mare.
– Zut ! Impossible d'attraper ce magnifique nénuphar !
– Je croyais que tu savais faire beaucoup de choses, ironise son jaloux de frère.
– Toujours le mot odieux. Quel méchant personnage !
Pour préparer la paix, se dit le père, un seul moyen : se voiler la face ! Et vlan, au boulot !

Mettre les écureuils à pied

Couper les arbres. Dans cette situation, les écureuils n'ont plus le loisir de grimper et faire des acrobaties dans les arbres qui sont leur moyen de déplacement.

Crotte de bique !

Juron qui équivaut à « zut ! », plus facile à employer que les cinq lettres. Exprimé sous le coup de l'énervement ou après un échec.

Chouette

Interjection qui exprime la satisfaction. En ancien français, le verbe *choeter* signifiait « faire la coquette ». On a donc parlé d'une « femme chouette » puis d'une « chouette femme ».

C'est vache

C'est méchant. Il arrive que la vache, bovidé pacifique, soit brutale. Soudain, elle donne des coups de pied par-derrière. C'est inattendu et douloureux.

Quel animal !

Quel ignoble personnage ! La personne désignée a joué un vilain tour qui ne correspond pas aux règles du savoir-vivre. Pourtant dans le monde animal, il n'y a ni injures ni trahisons.

La politique de l'autruche

Ne pas regarder la réalité en face, faire semblant de ne rien voir. En fait, l'autruche ne met pas la tête sous l'aile. Elle pose la tête au sol. Son cou repose sur toute sa longueur. Durant 16 minutes, à raison de quatre fois par nuit, elle plonge dans un sommeil de plomb. Totalement hermétique à ce qui se passe autour.

Le chant du cygne

En vérité, son *Nu aux coquelicots* était son chant du cygne. Certains arrivaient à pas de loup pour ne pas troubler le silence qui pesait comme une chape de plomb sur l'atelier du peintre. Évelyne se faisait attendre. Elle s'était arrêtée en chemin pour admirer les gueules-de-loup.

Un dernier souffle pour l'art

En vérité, son Nu aux coquelicots *était son dernier chef-d'œuvre, juste avant de mourir. Certains arrivaient discrètement pour ne pas troubler le silence lourd et pesant de l'atelier du peintre. Évelyne se faisait attendre. Elle s'était arrêtée en chemin pour admirer les mufliers.*

Le chant du cygne

Le dernier chef-d'œuvre d'un artiste. La beauté du cygne dépare à cause de sa voix désaccordée. Mais l'oiseau blanc, à l'approche de la mort, est stupéfiant : soudain, son chant est mélodieux. Socrate, avant de boire la mortelle ciguë, cite les cygnes : « Ils chantent à ce moment davantage et avec plus de force, dans leur joie de s'en aller auprès du dieu dont justement ils sont les serviteurs. » Un point de vue sage mais non scientifique.

À pas de loup

Cette expression signifie « discrètement ». Les loups sont suffisamment intelligents pour ne pas se faire repérer lorsqu'ils s'approchent d'une proie. Il ne s'agit pas d'éveiller les soupçons. Et même s'ils sont en bandes, allant à un rythme lent, ensemble, à la queue leu leu, leurs pas demeurent aussi discrets.

Les gueules-de-loup

Cette plante, le muflier, appartient à la famille des scrofulariacées. Elle pousse dans presque toute l'Europe. *Antirrhinum majus* montre deux lèvres très plissées comme les babines du singe. Son fruit est une capsule étrange qui, une fois détachée et retournée, ressemble à un crâne de primate. Malgré ces ressemblances, c'est le mot de « gueule-de-loup » qui a été attribué au muflier.

Manger avec les chevaux de bois

Ce soir, le patron du restaurant *Le Cheval Blanc* est fort mal luné. L'amadouer ? C'est faire passer un chameau par le chas d'une aiguille. L'ambiance tourne au vinaigre car les clients ont l'estomac dans les talons. Quel chameau ! songe la serveuse à qui il parle comme à un chien.

– On ferme ! s'écrie le patron qui a perdu la boule. Il est vingt heures.

– Je ne reviendrai plus manger avec les chevaux de bois, se plaint Daniel, fin gourmet.

Daniel est toujours aussi affamé

Ce soir, le patron du restaurant Le Cheval Blanc *est de fort mauvaise humeur. L'amadouer ? Mission impossible. L'ambiance se dégrade car les clients ont vraiment faim. Qu'il est rosse ! songe la serveuse à qui il parle avec mépris.*

– On ferme ! s'écrie le patron qui est devenu fou. Il est vingt heures.

– Je ne reviendrai plus ici puisqu'on a rien à manger, se plaint Daniel, fin gourmet.

Quel chameau !

Quel méchant ! Quelle rosse ! Le camélidé blatère lorsqu'il est en colère et a mauvais caractère. Cet animal à deux bosses est susceptible en période de reproduction. Alors, le vaisseau du désert boude, cesse de manger et peut devenir dangereux.

Parler à quelqu'un comme à un chien

Parler sans respect ni considération. Avouons que l'éducation dispensée à nos chiens n'est pas si courtoise puisque les mots d'ordre sont « couché », « assis », « au pied ». Mais l'expression est ancienne. À l'époque, le chien était confiné dans son rôle de cerbère. Et dans nos campagnes, il n'avait pas le droit de vivre à la maison mais restait attaché devant sa niche.

Faire passer un chameau par le chas d'une aiguille

Tenter quelque chose d'irréalisable, d'impossible. Le passage est étroit pour ce ruminant de 650 kilogrammes et 3 mètres de long, doté de longues pattes. Sans compter ses deux bosses qui constituent l'obstacle le plus important. Ainsi, pour rendre l'image invraisemblable, on cultive les extrêmes.

Manger avec les chevaux de bois

Ne rien manger du tout. Sans être expert en hippologie, on sait que les chevaux de bois n'ont nul besoin de se sustenter.

Ne pas avoir élevé les cochons ensemble

Mademoiselle Dulac arrive à la mairie drapée dans sa dignité. Son tailleur pied-de-poule lui va comme un tablier à une vache. Froide et peu aimable, on dirait qu'elle a avalé un manche à balai. En fait, son malheureux père a avalé son bulletin de naissance.

– Voici ma belle, dit le gratte-papier en lui remettant sa déclaration.

– Dites donc, rétorque la vieille chouette, on n'a pas élevé les cochons ensemble !

Les torchons et les serviettes

Mademoiselle Dulac arrive à la mairie digne et fière. Son tailleur pied-de-poule ne lui va vraiment pas. Froide et peu aimable, elle se tient droite et raide. En fait, son malheureux père est décédé.

– Voici ma belle, dit le gratte-papier en lui remettant sa déclaration.

– Dites donc, rétorque la vieille fille qui n'aime pas mélanger les torchons et les serviettes, évitez vos familiarités !

Pied-de-poule

Motif tissé dans le textile d'habillement (plus petit que le pied-de-coq), qui rappelle l'empreinte laissée par le gallinacé sur le sable ou la terre.

Aller comme un tablier à une vache

Un habit qui ne convient pas. Mettez un tablier au ruminant, de quoi aurait l'air notre jolie vache ? Comment lier les attaches du tablier, sur le dos ou sur le ventre ? Comment ne pas souligner sa silhouette grassouillette ?

Une vieille chouette

Une vieille femme pas très gentille. La chouette associée à la sorcellerie était entachée d'une mauvaise réputation. Sans doute est-ce sa voix lugubre qui était interprétée comme un mauvais présage.

Ne pas avoir élevé (gardé) les cochons ensemble

Ne pas être du même milieu social et, par conséquent, ne pas supporter les familiarités. C'est tout le contraire de « copains comme cochons ». Élever les cochons serait une basse tâche réservée à des gens simples. Le mélange des genres ne convient pas pour la *high society*. Pour exemple, cet extrait de *Le Chiendent* (1933) de Raymond Queneau :

« Vous d'v'nez sourd, père Taupe !

– Un moment. D'abord, j'vous permets pas de m'appeler père comme ça, on n'a pas gardé les cochons ensemble. »

S'entendre comme chien et chat

À la maison, les deux petits s'entendent comme chien et chat. Dès que l'on met son grain de sel, c'est le combat de coqs ! Enzo, le grand frère qui ne ferait pas de mal à une mouche, est un mouton enragé. Alors, maman prend le trio sous son aile. Tout le monde se regarde en chiens de faïence.

Les faux amis

À la maison, les deux petits se disputent sans arrêt. Dès que l'on dit quelque chose, c'est la bagarre entre eux ! Enzo, le grand frère gentil et inoffensif, se met subitement en colère. Alors, maman protège le trio. Tout le monde se jette des regards hostiles.

S'entendre comme chien et chat

Se disputer. Cette expression vient de la différence de communication entre les deux espèces. Chien et chat n'ont pas les mêmes codes – lorsque le chien veut dire « tu joues ? », le chat interprète cela comme une agression. Mais sous le même toit, ils finissent par accorder leurs violons et faire mentir cette expression.

Un combat de coqs

Une dispute violente et agressive. Sur un gallodrome, les coqs de combat, issus d'une sélection rigoureuse, s'infligent de cruelles blessures. D'où l'interdiction de ces manifestations.

Ne pas faire de mal à une mouche

Être inoffensif. Cette expression laisse à penser que ce coléoptère peut être blessé ou tué sans remords. Or le spécisme (iniquité vis-à-vis des espèces) est à éviter.

Le mouton enragé

Personne douce qui s'emporte subitement. Un mouton, de nature paisible, s'il est affecté par le virus de la rage, montre les mêmes symptômes que tout autre animal. Soudain, il devient fou, agité, hébété. L'expression paraît obsolète étant donné l'éradication de la rage.

Se jeter comme des vautours

« Vous souvenez-vous comme ils se sont jetés comme des vautours sur l'entreprise en ruines ? Enfin, tournons la page », soupire madame Kalenko.
Et la douairière de raconter comment Harry, son fils préféré, fait mouche. Il a redoré le blason de la famille. On l'admire, on l'honore, on lui tire la révérence. Dans le village, tout le monde parle du mouton à cinq pattes.

Tout doit disparaître !

« Vous souvenez-vous comme ils ont voulu récupérer ce qu'il restait de l'entreprise en ruines ? Allons bon, c'est du passé », soupire madame Kalenko.
Et la douairière de raconter comment Harry, son fils préféré, a atteint son objectif. Il a relevé le rang social de la famille. On l'admire, on l'honore, on lui tire la révérence. Dans le village, tout le monde parle d'un personnage rare et exceptionnel.

Se jeter comme des vautours

Se précipiter pour piller les ruines d'une entreprise ou s'approprier l'héritage d'un défunt. On fait référence au vautour, ce rapace que l'on appelle « l'éboueur des alpages ». Le vautour fauve, *Gyps fulvus,* se nourrit des tissus mous des animaux morts. Il peut déceler une carcasse à plus de trois kilomètres de distance. Dix à quinze minutes suffisent à une vingtaine de vautours pour consommer un cadavre de brebis. Ces rapaces sont capables d'ingérer plus de deux kilos à la fois avant d'observer ensuite un jeûne de plusieurs semaines.

Faire mouche

Atteindre son but. L'expression vient du XIXe siècle. Elle se réfère à la pratique du tir à l'arc. La cible est un rond aux cercles concentriques de plusieurs couleurs. Le point central est noir comme l'est une mouche posée sur un mur et réduite à un point. Il faut être habile pour viser juste et faire mouche.

Le mouton à cinq pattes

Individu rare. C'est l'équivalent du merle blanc, un oiseau rare. Il n'est pas comme tout le monde. A-t-on déjà croisé un mouton à cinq pattes ? Même au sein d'un important troupeau, il ne passerait pas inaperçu.

On ne prend pas les mouches avec du vinaigre

« Vos gueules, les mouettes ! » lance Benjamin, prêt à baisser pavillon face au bourdonnement incessant qui vient du fond de la classe. De quoi clouer le bec à Élise, rouge comme une pivoine. On ne prend pas les mouches avec du vinaigre, se dit Benjamin. Et comme pour faire oublier son parler franc, il annonce pour la semaine suivante une sortie découverte en bord de mer.

Se mettre les élèves dans la poche

« Silence les pipelettes ! » lance Benjamin, prêt à cesser toute activité face au bruit monotone et assourdissant qui vient du fond de la classe. De quoi faire taire Élise, qui rougit.
On convainc davantage par la douceur que par les mots piquants, se dit Benjamin. Et comme pour faire oublier son parler franc, il annonce pour la semaine suivante une sortie découverte en bord de mer.

Vos gueules, les mouettes !

« Taisez-vous ! » Cette expression est devenue populaire après le film éponyme de Robert Dhéry, en 1974. *La Mouette* est également le titre d'une œuvre dramatique d'Anton Tchekhov. Cet oiseau évoque le charme des bords de mer et aussi des fleuves. Elle s'exprime d'une manière particulièrement bruyante. D'ailleurs, on ne connaît pas de terme adéquat pour préciser son chant, on dit tout simplement « le cri » de la mouette.

Clouer le bec

Il s'agit de faire taire quelqu'un. Malgré les apparences, il n'y a ici pas de lien avec le clou, « clouer » viendrait de *cloer* qui signifie « clore ».

On ne prend pas les mouches avec du vinaigre

On ne convainc pas autrui par la violence mais plutôt par la diplomatie et la séduction. Mieux vaut par exemple attraper les mouches avec de l'eau sucrée ou du miel. En effet, le vinaigre fait fuir les diptères et tout autre insecte. À noter que le mot « mouche », à une époque, fut employé pour désigner toutes sortes d'insectes.

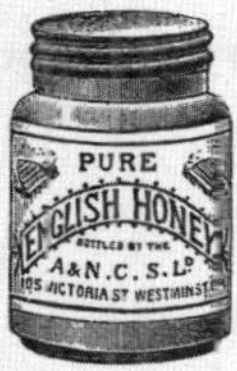

Se jeter dans la gueule du loup

Légère comme une plume, rapide comme une étoile filante, Louise se mélangea les pinceaux et prit la mauvaise direction. Quelle tête de linotte ! Elle se fourvoya dans un traquenard. Gare ! Dans la nuit noire, elle allait se jeter dans la gueule du loup. Son grand frère dit : « À son retour, elle n'a pas peur de se faire engueuler comme du poisson pourri ! »

Louise court au devant du danger

Toute légère, extrêmement rapide, Louise se trompa et prit la mauvaise direction. Quelle étourdie ! Elle fit l'erreur de tomber dans un piège. Gare ! Dans la nuit noire, elle s'exposait à un grand danger. Son grand frère dit : « À son retour, elle n'a pas peur de recevoir des remontrances et des injures ! »

Léger comme une plume

Aérien, très léger. La plume est l'élément caractéristique de l'oiseau. Le plumage constitué de pennes et barbes est nécessairement léger pour permettre à l'oiseau de s'élever dans les airs et voler à son gré.

Une tête de linotte

Quelqu'un d'étourdi. Contrairement au travail minutieux exécuté par la gent aviaire pour construire le nid, ce petit passereau au doux gazouillis ne s'applique guère pour faire le sien. C'est du travail bâclé. Aucune concentration chez la linotte.

Se jeter dans la gueule du loup

S'exposer à un grand danger. Cela implique que *canis lupus,* carnivore doté de 42 dents longues et pointues, croque quiconque est à sa portée. Si le loup se nourrit d'animaux affaiblis et vieux, il ne mange pas les hommes.

Se faire engueuler comme du poisson pourri

Se faire injurier. Cette expression est récente (XIXe siècle). On se demande quelle est l'utilité d'accabler d'injures un poisson pourri. L'expression serait née chez les poissonniers qui, sans doute, ne supportaient pas de voir un poisson pourrir sur les étals et accusaient leurs employés de tous les maux.

Tomber comme des mouches

On nous aurait ramassés à la petite cuiller ! Tant la canicule nous aurait fait tomber comme des mouches. Le soir, ma tante nous fit une tisane de queue-de-loup puis un mesclun au pied-de-corbeau. Malgré tout, l'ambiance était mi-figue mi-raisin. Ma cousine était restée fermée comme une huître tout le long du repas.

Hécatombe

On était sous le coup d'une grande fatigue. La canicule avait bien failli nous abattre. Le soir, ma tante nous fit une tisane de plantes à la queue-de-loup, puis une salade au mesclun et au pied-de-corbeau. Malgré tout, l'ambiance était mitigée. Ma cousine n'ouvrit pas la bouche de tout le repas.

Tomber comme des mouches

Mourir en masse. Il ressort de cette expression un réel détachement pour cette mort collective. Comme pour les insectes volants qui s'éteignent dans la plus grande indifférence, on ne fait pas grand cas de cette hécatombe.

Fermé comme une huître

Rester muet, être renfermé. Le bivalve élevé par les ostréiculteurs demeure enfermé dans sa coquille jusqu'à ce que l'on glisse la lame d'un couteau pour l'ouvrir. Ce n'est tout de même pas un moyen pour nous faire parler !

Pied-de-corbeau

Ou pied-de-corneille. Ainsi nomme-t-on l'espèce *Coronopus,* à laquelle appartient le plantain *Plantago coronopus. Plantago* veut dire plante des pieds. Cette herbe, dont la tige s'enfonce dans le sol au fur et à mesure de sa croissance, est vivace. Piétiné, le pied-de-corbeau résiste au déchaussement. Autre référence à l'animal pour ce qui concerne *Plantago,* le plantain corne-de-cerf : ses feuilles évoquent les bois du cervidé.

Traiter de tous les noms d'oiseaux

Martin est comme un coq en pâte. Des doigts de fée signent la déco. Les repas sont à mourir. Tout brille à la maison. Et pourtant, c'est le mur des lamentations.
« Elle me traite de tous les noms d'oiseaux », confie-t-il à son ami Johann en picorant au buffet. Puis la mort dans l'âme, il ajoute : « Je vais la laisser voler de ses propres ailes. »
À midi, Marinette a pris la clé des champs.

« Espèce de martin-pêcheur, moineau, tête de linotte ! »

Martin est bienheureux. La déco est faite avec talent. Les repas sont extraordinaires. Tout brille à la maison. Et pourtant, place aux pleurs et gémissements !
« Elle m'insulte », confie-t-il à son ami Johann en mangeant un peu de tout de-ci de-là au buffet. Puis pris d'une grande tristesse, il ajoute : « Je vais la laisser prendre son indépendance. »
À midi, Marinette est partie de la maison.

Être comme un coq en pâte

Gâté, ne manquant de rien. L'expression semble venir de Bourgogne où le coq est enfermé dans un panier appelé « beneton », on l'engraisse en lui donnant souvent la pâtée. Cela rappelle le gavage des oies. Le bien-être du coq en pâte, et autres gallinacés ne manquant de rien, est-il l'étape incontournable avant de passer à la casserole ?

Traiter de tous les noms d'oiseaux

Insulter. Rares sont les oiseaux auxquels on aimerait être associé. Même le rossignol, lié aux amours, est relégué aux Puces : c'est un objet désuet. Et si l'on est gai comme un pinson, il importe que ce dernier soit bel et bien un pinson, et non un moineau avec lequel on le confond souvent, car la cervelle de moineau n'est-elle pas synonyme de génie ? Et qui sait si on ne finirait pas par nous prendre pour un serin, et donc un niais ?

Voler de ses propres ailes

Être autonome. Pour cela, il faut être lâché, et c'est l'apprentissage que font les oisillons en présence de leurs parents. Pas question de rester plus longtemps au nid ! Du vent !

Chercher des poux sur la tête

Alex a beau fixer le panneau à l'entrée du secrétariat, l'inscription est illisible. Même en chaussant ses lunettes, il bute sur les pattes de mouche. Il fulmine, piaffe. Sa bave de crapaud n'annonce rien de bon. « Je vais lui secouer les puces », enrage-t-il. Puis il marmonne en parlant de sa secrétaire : « Les gens diront encore que je lui cherche des poux sur la tête. »

Alex est pointilleux

Alex a beau fixer le panneau à l'entrée du secrétariat, l'inscription est illisible. Même en mettant ses lunettes, il bute sur la vilaine écriture incompréhensible. Il fulmine, s'impatiente en tapant du pied. Ses vilaines paroles n'annoncent rien de bon. « Je vais l'engueuler », enrage-t-il. Puis il marmonne en parlant de sa secrétaire : « Les gens diront encore que je veux lui faire la guerre. »

Une écriture en pattes de mouche

Illisible, indéchiffrable. Écriture irrégulière, pleine de ratures et crochets disgracieux. Les mouches possèdent des crochets à leurs griffes pour se fixer sur une matière ou sur leur hôte.

Piaffer

Être à bout, s'agiter, s'impatienter sur place. Le cheval frappe ses sabots sur le sol lorsqu'il s'énerve. C'est aussi, en équitation, un trot sur place diagonalisé, relevé, rond et suspendu, majestueux.

La bave de crapaud

Mauvaises paroles, calomnies. La femelle crapaud, une fois fécondée, dépose une substance gélatineuse sur les plantes aquatiques. Elle contient 7 000 œufs qui donneront autant de petits têtards.

L'association du crapaud à la sorcellerie, dont la bave était utilisée dans le chaudron pour les recettes maléfiques, explique la connotation de dégoût.

Chercher des poux sur la tête de quelqu'un

Saisir la moindre occasion pour faire la guerre, chicaner. L'expression est apparue pendant la Révolution. On se lavait peu et les parasites se ramassaient à la pelle. Chez d'autres primates, tels les singes, on s'épouille, mais il s'agit d'un acte de tendresse et non un déclic pour se faire la guerre. Nuance.

Un chien dans un jeu de quilles

Petit Pierre est turbulent. On ne peut pas lui lâcher la bride, il commet bêtise sur bêtise.
Dans les boutiques, il est comme un éléphant dans un magasin de porcelaine.
« Haut les mains ! Peau de lapin ! » crie l'antiquaire affolé.
Accueilli comme un chien dans un jeu de quilles, Petit Pierre pique un fard et se niche dans les jupons de sa mère qui, très vite, prend le canard boiteux sous son aile.

Petit Pierre n'est pas le bienvenu

Petit Pierre est turbulent. Il ne peut être livré à lui-même sans commettre bêtise sur bêtise. Dans les boutiques, il est d'une épouvantable maladresse.
« Holà, holà ! » crie l'antiquaire affolé.
Indésirable en cet endroit, Petit Pierre rougit et se réfugie auprès de sa mère qui, très vite, console son petit rebelle.

Lâcher la bride à quelqu'un

Être libre de faire ce que l'on veut. Le mot « bride » (*bridle* en anglais) est issu de *bridel*, mot allemand qui vient de *brittil* remontant au XIIIe siècle et signifiant « bretelle ». « Lâcher la bride », c'est laisser filer sa monture qui est sans attache, sans harnais.

Comme un éléphant dans un magasin de porcelaine

Se conduire avec une grande maladresse. On imagine le pachyderme au milieu d'une vaisselle si fragile ! Inutile de faire un dessin.

« Haut les mains ! Peau de lapin ! »

Chanson enfantine qui se poursuit ainsi : « la maîtresse en maillot de bain ». Cette expression était adressée aux braconniers pris en flagrant délit, ayant tiré lièvres ou lapins sur les chasses réservées.

Accueillir quelqu'un comme un chien dans un jeu de quilles

Ne pas apprécier une visite imprévue et maladroite. On imagine l'inconfort du chien dans un jeu de quilles, faisant tout s'écrouler avec sa queue qui balance.

Être un canard boiteux

Personne mal intégrée, qui nuit à la cohésion du groupe. Lorsque les canards se dandinent vers la mare, un canard boiteux brise la cadence. Une référence au conte d'Andersen, *Le Vilain Petit Canard*.

Prendre quelqu'un sous son aile

Protéger. La poule déploie ses ailes pour mettre ses poussins à l'abri du froid et des prédateurs.

Enfermer le loup dans la bergerie

« En route, mauvaise troupe ! » lance Nicolas. On marche par deux. Nul ne veut se mettre auprès de Basile, la brebis galeuse. C'est un vrai moulin à paroles. L'emmener au musée, c'est enfermer le loup dans la bergerie. Mais Nicolas ne se laisse pas importuner. Avec son œil de lynx, il a tout loisir de croquer des personnages.

Bonjour les dégâts !

« En route, les copains ! » lance Nicolas. On marche par deux mais nul ne veut se mettre auprès de Basile l'indiscipliné. C'est un fieffé bavard. L'emmener au musée est souvent une gêne pour les visiteurs. Mais Nicolas ne se laisse pas importuner. Grâce à son excellente vue, il peut dessiner les personnages.

C'est enfermer le loup dans la bergerie

Faire entrer quelqu'un là où il causera des dégâts. L'expression fait état d'un geste purement maladroit volontairement ou non et qui aura des conséquences. En clair, il ne faut pas tenter le diable. Il ne faudrait pas douter de ses qualités non seulement d'ouïe et d'odorat, mais aussi de finesse : le loup possède un cerveau d'un volume supérieur à celui du chien : 170 cm^3 contre 40 à 130 cm^3 chez notre compagnon. Enfin, on se doute qu'un carnivore dans une bergerie (excepté si elle est déserte) ne restera pas inactif. Une aubaine pour le loup que ces brebis et moutons emprisonnés dans leur étable !

Un œil de lynx

Avoir une vue excellente voire nocturne. Lorsque le plus gros félin sauvage (9 à 35 kg) visible en Europe se déplace, pelage gris ou jaunâtre, rien ne lui échappe. Comme tous les félins, il a une vision très précise pour détecter le mouvement et également sensible lorsque la luminosité est faible. Si ce félidé y voit en pleine nuit, c'est grâce à la structure de son œil doté du *tapetum*, sorte de tapis réfléchissant situé derrière la rétine, qui renvoie la lumière qui le traverse.

Appeler un chat un chat

Elle pleure à chaudes larmes sur sa chienne de vie.
– Il faut appeler un chat un chat, lui dit Aymé. Vous avez décidé de porter la culotte, vous semblez maintenant manger votre chapeau.
– Si j'avais su..., hoquète Nadine éplorée, voulant se faire pardonner.
– C'est une excuse à la graisse d'oie, lance Aymé qui reste de marbre.

Aymé n'aime pas tourner autour du pot

Elle sanglote sur sa morne existence.
– Il faut nommer les choses, lui dit Aymé. Vous avez décidé de prendre les commandes dans le couple, vous semblez maintenant le regretter.
– Si j'avais su..., hoquète Nadine en pleurs, voulant se faire pardonner.
– C'est une excuse sans valeur, lance Aymé qui ne fléchit pas.

Une chienne de vie

Une vie affreuse. La chienne n'est pas plus épargnée que son masculin. Jadis le chien suscitait le mépris. Toute expression portant ce mot avait une connotation négative. Ainsi, une chienne de vie suppose beaucoup de malheurs, d'épreuves, ne laissant ni grâce ni répit. Elle est même jonchée de turpitudes. Elle est beaucoup plus dégradante qu'une vie de chien qui se contente d'être laborieuse mais nullement honteuse.

Il faut appeler un chat un chat

Il faut savoir nommer chaque chose ; il faut parler avec franchise. L'expression est utilisée en 1666 par Boileau dans la première Satire : « J'appelle un chat un chat et Rollet un fripon. » Pourquoi le chat ? Un mot à ne pas prononcer à l'instar du lagomorphe que les marins appellent « grandes oreilles » sur le bateau ? L'autre mot du léporidé porterait malheur. Jadis on associait le chat à Satan, on ne pouvait donc l'invoquer. Les gens superstitieux, craignant le diable, auraient pu s'attirer ses foudres. Alors, on disait « le chat ». Plus tard, le mot « chat » sonne bien aux oreilles des poètes. On se plaît à lui chercher des rimes. C'est facile. Ainsi, Tristan Klingsor, dans la *Chanson du chat* : « Chat, chat, chat, [...] N'entends-tu pas les souris Danser à trois des entrechats Sur le plancher ? »

C'est une excuse à la graisse d'oie

Une excuse sans valeur. Auparavant, on ne prêtait aucun bienfait nutritif à la graisse d'oie. Cela n'est plus le cas de nos jours. Les habitants du Sud-Ouest, grands consommateurs de cuisine à la graisse d'oie et de canard, peuvent se vanter d'avoir une meilleure espérance de vie qu'ailleurs et, en tout cas, l'une des plus faibles mortalités coronariennes. Autant dire que dans cette région, on tord le cou à cette expression.

Prendre les enfants du bon Dieu pour des canards sauvages

C'est la révolte des grenouilles de bénitier. Elles lancent un pavé dans la mare. Elles en ont marre d'être payées en monnaie de singe pour leurs bons et loyaux services.
– Ce que vous faites, c'est de la roupie de sansonnet, rétorque le sacristain, malin comme un singe.
– Il ne faut pas prendre les enfants du bon Dieu pour des canards sauvages, vocifèrent-elles.
Elles n'ont pas fini de tirer le diable par la queue.

On nous prend pour des demeurés

C'est la révolte des bigotes. Elles sèment le trouble. Elles en ont marre d'être payées trois fois rien pour leurs bons et loyaux services.
– Ce que vous faites ne représente rien, rétorque le sacristain qui a plus d'un tour dans son sac.
– Il ne faut pas se moquer des gens, vocifèrent-elles.
Elles n'ont pas fini d'en baver !

Grenouille de bénitier

Une bigote. À la différence de la punaise de sacristie, elle reste postée à l'entrée de l'église et fait des va-et-vient entre le bénitier et les fidèles qu'elle asperge d'eau bénite.

Payer en monnaie de singe

De la fausse monnaie. Jadis pour franchir les ponts, on payait une taxe. Les jongleurs et acrobates en étaient dispensés. En échange, ils devaient exécuter quelques singeries. Condition *sine qua non* pour passer le gué.

De la roupie de sansonnet

Peu de chose, insignifiant. L'expression est élégante (davantage que « ne pas valoir un pet de lapin »), mais son origine obscure. Avant, la roupie désignait la morve. Mais l'étourneau n'a pas de nez. Donc pas de roupie.

Malin comme un singe

Espiègle. Au Moyen Âge, « malin » avait le sens de « méchant ». Il désignait les vieux singes diaboliques. Depuis la fin du XVIIIe siècle, le mot « malin » a le sens de « rusé », « débrouillard ».

Il ne faut pas prendre les enfants du bon Dieu pour des canards sauvages

Il ne faut pas se moquer du monde. Cette expression fameuse a été employée par le général de Gaulle, Antoine Blondin, Michel Audiard. Cet anatidé n'a rien de commun avec nous. Il plonge, bascule vers l'avant, atteint le fond de l'eau avec son bec. Pas question d'en faire autant !

La bave du crapaud n'atteint pas la blanche colombe

Chaque été, Camille papillonne. Comment se fait-il qu'il reste entre quatre murs en ce moment ?
– Chassez le naturel, il revient au galop, dit Joséphine. Il a mis le grappin sur une souris. On dit que c'est une dinde.
– La bave du crapaud n'atteint pas la blanche colombe, répondent les parents.

Propos vilains sont vains sur âme de lin

Chaque été, Camille s'amourache d'une fille puis d'une autre. Comment peut-il rester enfermé en ce moment ?
– Inutile d'essayer de changer, on est toujours le même, dit Joséphine. Il a jeté son dévolu sur une jeune fille. On dit qu'elle n'est pas très intelligente.
– Ces vilaines paroles n'entacheront pas ses qualités, répondent les parents.

Chassez le naturel, il revient au galop

Inutile de se dissimuler derrière un autre personnage, on redevient vite tel qu'on est. On attribue cette maxime à Boileau. En fait, elle est signée de Destouches (*Le Glorieux*, 1732), inspiré d'Horace : « *Naturam expelles furca, tamen usque recrecurret.* » L'expression « à coups de fourche » est avantageusement remplacée par le galop. Ce mot qui évoque le cheval souligne la vélocité du retour à sa vraie nature.

Une souris

Une jeune femme, une minette. Le terme est mignon à souhait bien qu'il dénote un esprit macho. L'homme se prend pour un chat : il est capable d'attraper la souris. Il la taquine avant de la croquer.

Une dinde

Une femme peu intelligente. Le sens est le même que pour pintade, ces volailles n'ayant pu monter dans l'estime du public, même si leur chair fine est appréciée.

La bave du crapaud n'atteint pas la blanche colombe

La calomnie ne dégrade pas une réputation saine. Depuis le début du XIXe siècle, on désigne des propos médisants par « bave du crapaud ». À terre, le crapaud a beau baver, sa salive écœurante dégoulinant sur son cou, il lui est impossible d'atteindre la pure et légère colombe, qu'elle soit perchée ou bien en vol.

Quand on parle du loup, on en voit la queue

Irène n'est pas du genre à prendre des gants avec ses relations. Lorsqu'elle parle de Firmin, elle n'y va pas avec le dos de la cuiller.
L'homme en question entre dans la salle. Quand on parle du loup, on en voit la queue, songe-t-elle.
Il fait le coq. Sans doute a-t-il les oreilles qui sifflent. Il s'approche du buffet pour se tailler la part du lion.

On parle d'untel, et le voici !

Irène n'est pas du style à ménager la susceptibilité des autres. Lorsqu'elle parle de Firmin, elle tient des propos assez durs.
L'homme en question entre dans la salle. Quand on parle de quelqu'un, voici qu'il se pointe…, songe-t-elle.
Il est fier. Sans doute a-t-il l'intuition d'être au centre de la conversation. Il s'approche du buffet, se sert le premier et à profusion.

Quand on parle du loup, on en voit la queue

Une personne arrive dans un lieu alors qu'on est en train de parler d'elle. L'expression illustre l'angoisse créée par le loup jadis dans toutes les chaumières. Il ne cessait d'alimenter les conversations. Et comme il était toujours sur le tapis, il fallait bien qu'un jour l'animal se trouvât dans les parages. On l'apercevait de dos, la queue au premier plan. On avait tout juste le temps de se mettre aux abris.

Faire le coq

Crâner, avoir une attitude orgueilleuse. Le roi de la basse-cour a des raisons d'être fier. Il est seul au milieu de plusieurs poules, toutes à ses pieds. Dès le lever du jour, sire coq prend la parole : « Cocorico ! » C'est aussi le cri symbolique de la fierté dans l'Hexagone. Le coq gaulois est l'emblème national de la France, il est né d'un jeu de mots, *gallus* désignant à la fois « gaulois » et « coq ».

Se tailler la part du lion

Prendre le meilleur. L'expression est très juste. Chez *Panthera leo*, c'est la lionne qui a en charge la chasse et l'élevage des petits. Lorsqu'elle revient, une antilope ensanglantée dans la gueule, c'est au lion de commencer le repas. Il choisit les meilleurs morceaux. Puis il laisse les lionceaux dévorer des morceaux assez tendres qu'ils partagent avec leur mère. Le lion est le roi des animaux. Rassasié, il laisse aux hyènes le soin de dévorer les restes. Vont-elles abandonner les os et les peaux sur le sol ? Les vautours en feront leur affaire. Grâce au lion, rien ne se perd !

Sauter du coq à l'âne

Babeth a la langue bien pendue. Elle assène cette phrase comme une parole d'évangile : « Chat échaudé craint l'eau froide ! » Mais elle se perd en conjectures et saute du coq à l'âne.
« Revenons à nos moutons », dit Xavier.
Il y a de quoi en perdre son latin. Cette histoire n'a ni queue ni tête.

D'un sujet à l'autre

Babeth est très bavarde. Elle formule ce proverbe comme si c'était une parole sacrée : « Chat échaudé craint l'eau froide ! » Mais avec des « si » et des « mais » elle ne sait plus où elle en était. Sans la moindre logique, elle passe d'un sujet à l'autre.
« Revenons à notre sujet », dit Xavier.
Il y a de quoi ne plus rien comprendre. Plus rien n'a de sens.

Chat échaudé craint l'eau froide

Une mauvaise expérience rend méfiant et prudent. Cette expression date du XIIIe siècle, sous la forme « chat échaudé craint l'eau ». Dans le *Roman de Renart* (XIIe et XIIIe siècles), on trouve aussi « l'échaudé craint l'eau ». On apprend avec l'expérience et le temps à prendre de la distance par rapport aux choses afin de ne pas réitérer. On soupçonne qu'autrefois, en pleine période de félinophobie, on prenait un malin plaisir à faire souffrir le chat et, sans scrupule, on le plongeait dans la marmite bouillonnante. S'il s'en sortait indemne, éprouvant à jamais une sainte horreur de l'eau, il n'y remettrait pas la patte et s'éloignerait de tout récipient.

Sauter du coq à l'âne

Passer brusquement d'un sujet à l'autre sans aucun lien. L'expression date du XVe siècle. Il est vrai qu'il n'y a pas d'affinités entre le coq et l'âne, entre la volaille et le mammifère, entre le cocorico du premier et le braiement du second, entre le plumage de *Gallus gallus domesticus* et la peau d'*Equus asinus,* sinon que l'un et l'autre peuvent se retrouver au milieu des beuglements, piaillements, cancanements dans une cour de ferme. Cela fait beaucoup de bruit dans la conversation tandis que les cris des uns et des autres donnent un langage décousu.

Lire le canard

Jules lit son canard dans un café. Une feuille de chou qu'il dévore de A à Z. Il aime surtout la rubrique des chiens écrasés.
– Tiens, la finaliste des demoiselles d'Avignon ! Elle est en photo. Quelle taille de guêpe ! s'exclame-t-il, en présence de Marinette.
– Pfffh ! Une oie blanche, glousse-t-elle, aimable comme une porte de prison et piquée au vif.

Le journal

Jules lit son journal dans un café. Un journal de peu de valeur qu'il lit en entier. Il aime surtout les faits divers.
– Tiens, la finaliste des demoiselles d'Avignon ! Elle est en photo. Qu'elle est fluette ! s'exclame-t-il en présence de Marinette.
– Pfffh ! Une idiote, se moque-t-elle, pas aimable du tout, et vexée.

Canard

Au XVIIIe siècle, on se plaît à exploiter la crédulité des gens en lançant une fausse nouvelle appelée « canard ». Ainsi va-t-on désigner toute information suspecte diffusée dans la presse. Le journal est nommé « canard ». La connotation de supercherie a une origine encore plus ancienne. Au XVIe siècle, l'expression usitée est « vendre un canard à moitié », ce qui est forcément un attrape-nigaud, voire une absurdité. Aujourd'hui, il n'y a rien de péjoratif à lire le canard. Citons *Le Canard enchaîné,* principal hebdomadaire satirique français, créé en 1915. Quant à la feuille de chou, elle n'a pas la même consistance, étant d'un maigre contenu et de peu d'intérêt.

Les chiens écrasés

Cette expression tirée de l'argot désigne la rubrique d'un journal qui rassemble les faits divers (crimes, vols, accidents, potins, etc.) qui n'ont pas de lien avec le reste de l'actualité.

Taille de guêpe

Cet insecte au corps segmenté est comparé à la femme corsetée des XIXe et XXe siècles, taille mince et hanches larges. Aujourd'hui, l'expression a valeur de compliment car il vise la finesse de la taille.

Une oie blanche

Jeune fille naïve et candide. L'expression prend ses racines dans l'histoire romaine où les vestales vierges et pures gardaient les oies sacrées. Au fil des siècles, la sottise s'est greffée à la notion de candeur.

Prendre un canard

En ce jour dominical, on va prendre l'air au parc. Monsieur Paul emmène ses poussins. Ils adorent jouer à chat. Le voici débarrassé d'un poids. Alors, il se plonge dans son canard qui jette un pavé dans la mare : « Il ne faut pas donner un canard aux bambins. L'alcool ou le café doit être remplacé par du jus d'orange. » Eh bien, ils prendront un canard à l'orange, se dit monsieur Paul.

Petit sucre au rhum

C'est dimanche, jour de sortie au parc. Monsieur Paul emmène ses bambins qui s'adonnent à leur jeu préféré, jouer à chat. Bien tranquille, il se plonge dans son journal qui remet en cause une vieille tradition : « Il ne faut pas donner un sucre trempé dans le café aux enfants. L'alcool ou le café doit être remplacé par du jus d'orange. » Eh bien, ils prendront un sucre à l'orange, se dit monsieur Paul.

Un poussin

Un tout-petit. Ainsi les petits des oiseaux, quelle que soit l'espèce, sont-ils désignés : comme étant les enfants des mammifères. Cela sous-entend le lien établi entre la poule et ses petits qu'elle protège et couve avant et après l'éclosion. Ce mot exprime l'attachement, les soins, la tendresse.

Jouer à chat

Se donner une tape et s'attraper. Cela ressemble beaucoup au jeu des chatons qui se donnent un coup de patte et se poursuivent. Ils jouent à la bataille pour rire, apprenant ainsi à se toucher, à s'imposer dans l'espace. Ce jeu d'attaque virtuelle est pour les petits félins l'apprentissage de la chasse. Chez le petit de l'homme, c'est une manière d'apprendre la compétition, de gagner et d'être le meilleur.

Prendre un canard (ou donner)

Un sucre trempé dans du café. C'est une friandise qui permet aux petits de faire comme les grands. L'enfant plonge le morceau de sucre dans la tasse de café des parents. Pourquoi évoquer l'anatidé ? Sans doute parce que le canard, bien connu des petits, fait trempette dans la mare… et ne boit pas la tasse.

ACTIVITÉS

Travailler comme une bête

Arthur est au ministère du Travail. Il fait un travail de fourmi. Il a la tête sous l'eau. Avant il allait traire les poules. Il a mangé de la vache enragée. Car l'argent, ça ne se trouve pas sous le sabot d'un cheval. C'est heureux qu'il ait d'autres chats à fouetter, cela lui évitera de s'ennuyer comme un rat mort.

Aller traire les poules

À force de soulever des montagnes, Léontine a failli devenir chèvre.
– Je m'arrache les cheveux, dit-elle, car je ne vois pas le bout du tunnel.
Épuisée, elle qui était déjà plate comme une limande, est maigre comme un clou.
– C'est ainsi, dit son mari qui se sent l'âme d'un philosophe, les uns se tuent au boulot, les autres vont traire les poules.

L'art de ne rien faire

À force de tenter l'impossible, Léontine a failli perdre son calme.
– Je suis désespérée, dit-elle, car je ne vois pas comment m'en sortir.
Épuisée, elle qui n'avait déjà pas la moindre rondeur, est devenue trop maigre.
– C'est ainsi, dit son mari qui se sent l'âme d'un philosophe, les uns travaillent trop, les autres s'adonnent à des choses inutiles.

Devenir chèvre

Être en colère. Tout comme « prendre la chèvre », « avoir la chèvre », cette expression du XVIIe siècle, signifie « se mettre en colère ». Aujourd'hui, on dit « rendre chèvre » pour « mettre en rage ». La chèvre est de nature irascible. Symbole de l'intelligence, elle n'en fait qu'à sa tête, son nom vient du latin *capra* qui veut dire « caprice ». Si ce caprin semble avoir des coups de colère et coups de tête, c'est parce qu'elle ne supporte pas les coups de soleil. Elle doit pouvoir se réfugier à l'ombre des arbres.

Plat comme une limande

Sans forme, maigre, au plan moral et physique. La limande et la sole sont effectivement des poissons très plats. En revanche, ces poissons de mer sont fins et savoureux lorsqu'on les consomme !

Aller traire les poules

Faire des travaux inutiles. Cette expression du XVIe siècle équivaut à « mener les poules pisser ». Dans l'une comme l'autre, place est faite à l'insignifiant. On ne trait pas les poules, bien que l'on se régale de lait de poule (une recette à réaliser), et les poules n'urinent pas : le cloaque contient un mélange de liquide et de fiente.

Manger de la vache enragée

Hector déplore qu'on le prenne pour une vache à lait. Et Dieu sait s'il est loin d'attacher son chien avec des saucisses.
– Je ne suis pas une planche à billets, déclare-t-il au percepteur. C'est d'autant plus injuste d'être pressé comme un citron, que j'ai mangé de la vache enragée.
Sourire en coin, le bureaucrate reste de marbre.
– On achève bien les chevaux !, rétorque-t-il.

La misère noire

Hector déplore qu'on le considère comme un contribuable fortuné. Et il est bien connu pour ne pas gaspiller son argent.
– Je ne suis pas un homme riche, déclare-t-il au percepteur. C'est d'autant plus injuste d'être surtaxé, que j'ai vécu une période financière difficile.
Narquois, le bureaucrate reste impassible.
– Nous n'avons aucun scrupule !, rétorque-t-il.

Manger de la vache enragée

Traverser une période financière difficile, faite de privations. Au Moyen Âge, on était peu délicat quant à la nourriture et l'on ne se préoccupait pas de savoir si la vache avait été malade avant de l'abattre. Aujourd'hui, l'expression perd de son sens : la viande proposée à la consommation est passée au crible de l'inspection vétérinaire.

Une vache à lait

Une personne que l'on peut exploiter financièrement. On dit par exemple « les vaches à lait du pouvoir ». La vache laitière qui donne son lait matin et soir – ce qui fait en moyenne 5 400 litres par an –, est généreuse. Au XVIIIe siècle, la reine Marie-Antoinette fit construire une laiterie près du château de Versailles. En échange du lait dont on remplit les biberons et fabrique les fromages, sa favorite mena une vie de princesse. Mais toutes les vaches à lait ne sont pas payées en retour.

Ne pas attacher son chien avec des saucisses

Être avare, pingre. Cette nourriture, en aucun cas, ne fait office d'attache ou de laisse. Elle sera plutôt dévorée par le chien alléché. C'est donc peine perdue que d'agir ainsi.

On achève bien les chevaux

Pourquoi avoir des scrupules ? C'est une expression nouvelle inspirée du film éponyme de Sydney Pollack, en 1969, d'après le roman de Horace McCoy. L'expression concerne les chevaux fourbus et affaiblis. Aujourd'hui, elle est employée avec ironie. Commettre un tel acte n'est pas un exemple de bonne conduite.

Faute de grives, on mange des merles

Maigre comme un coucou, un petit chaton, qui se pelait dans la grange obscure, dit à sa mère : « Qu'est-ce qu'on a à se mettre sous la dent ? J'ai l'estomac qui crie famine. »
Ses frères et sœurs avaient fait la peau à un petit moineau. Du festin, il ne restait qu'un os de patte. Le caviar des pauvres chats. « Faute de grives, on mange des merles », dit le gros matou qui fait la mouche du coche.

Contentons-nous de ce qu'il y a

Tout maigre comme un clou, un petit chaton, qui avait très froid dans la grange obscure, dit à sa mère : « Qu'est-ce qu'on mange ? Je meurs de faim. »
Ses frères et sœurs avaient tué un petit moineau. Du festin, il ne restait qu'un os de patte. Le caviar des pauvres chats. « Il faut se satisfaire de ce que l'on a », dit le gros matou en train de s'affairer pour rien.

Faute de grives, on mange des merles

Il faut se contenter de ce que l'on a. Si l'on ne possède pas le must, on doit se contenter de ce qui est moyen. Il existe plusieurs variétés de grives : la grive litorne, la grive draine, la grive mauvis. On prête l'oreille au chant de la grive musicienne, du grec *Turdus philomelos* qui veut dire « amie du chant ». Elle énonce des strophes accentuées par de courtes phrases flûtées, plusieurs fois répétées. Enfin, parmi ces turdidés, on compte aussi le merle noir qui ne se consomme pas. Pourrions-nous imaginer un ciel de printemps sans l'opéra joyeux que jouent la grive musicienne ou le merle chanteur ? Cela ôterait l'appétit de vivre. Ainsi, l'expression n'a de sens qu'à une époque où l'on crie famine. Époque révolue où l'animal ne bénéficiait d'aucune juridiction, aucune loi de protection.

Faire la mouche du coche

S'affairer pour aucun résultat, que l'on retrouve chez La Fontaine dans « Le coche et la mouche » :
« Ainsi certaines gens,
faisant les empressés,
S'introduisent dans les affaires :
Ils font partout les nécessaires,
Et, partout importuns,
devraient être chassés. »

Cela ne se trouve pas sous le pied d'un cheval

Côté entreprise, ça sent le sapin. Jean-Édouard croyait pourtant avoir suffisamment mis la main à la pâte. Mais il fallait davantage d'argent.
– Cela ne se trouve pas sous le sabot d'un cheval, dit-il.
– L'argent n'a pas d'odeur, répond Marine.
– Je l'avais pourtant prévenu, dit la belle-mère. Il ne faut pas mettre tous ses œufs dans le même panier.

L'argent à la sueur de son front

L'entreprise sera bientôt fermée. Jean-Édouard croyait pourtant avoir suffisamment travaillé. Mais il fallait davantage d'argent.
– Cela ne se trouve pas facilement, dit-il.
– On peut se débrouiller d'une autre façon pour en avoir, répond Marine.
– Je l'avais pourtant prévenu, dit la belle-mère. Il ne faut pas mettre tout son argent dans la même affaire.

Cela ne se trouve pas sous le sabot (pied) d'un cheval

Cela ne se trouve pas facilement. En effet, aller chercher quelque chose sous le sabot du cheval relève de l'exploit. Il n'est pas dit que le canasson cache sous son pied un billet bien gardé. C'est trop lui demander. Ensuite, il faut soulever la jambe de l'équidé sans qu'il rue dans les brancards. Cependant, la tâche est tout de même du ressort des cavaliers qui doivent curer le pied du cheval et ferrer les sabots.

Il ne faut pas mettre tous ses œufs dans le même panier

Il ne faut pas tout investir dans la même affaire. Dans cette expression, l'image des œufs est fort bien choisie pour symboliser la fragilité de cet acte. Les œufs, qu'ils soient de poule, de cane, d'oie, n'ont qu'une fine coquille comme emballage. S'ils sont tous rangés dans le même panier, gare à l'omelette s'ils se fracassent !

Tuer la poule aux œufs d'or

Prince roulait sur l'or. Heureux comme un poisson dans l'eau. C'était la *dolce vita.* Néanmoins, certains l'enviaient de pouvoir toujours payer chat en poche. Et maintenant qu'il a tué la poule aux œufs d'or, il est malheureux comme les pierres. Il n'a plus rien à se mettre sous la dent.

Prince a épuisé sa mine d'or

Prince était richissime. Pleinement heureux. C'était la belle vie. Néanmoins, certains l'enviaient de pouvoir toujours acheter les yeux fermés, de posséder cette immense fortune. Et maintenant qu'il a dépensé sans compter ce que lui avait rapporté son affaire, il est très malheureux. Il n'a plus rien à manger.

Heureux comme un poisson dans l'eau

Tout à fait à l'aise ; bien dans ses écailles. Imagine-t-on un poisson vivre ailleurs que dans son biotope ? Il meurt. Cela ramène le bonheur au minimum vital…

Tuer la poule aux œufs d'or

Détruire une source financière par avidité. Évidemment, à force d'avoir les yeux plus grands que le ventre et de jeter l'argent par les fenêtres, on prend le risque de se ruiner. Mieux vaut se contenter de ce que l'on a. Ésope laisse un récit dans lequel l'oie, pondeuse elle aussi, est désignée à la place de la poule, mais la morale qui en ressort sera la même. « Un homme avait dans sa maison une oie qui lui pondait chaque jour un œuf de pur or. Se persuadant follement qu'il y avait dans le ventre de l'oie une mine de ce précieux métal, il la tua pour s'enrichir tout d'un coup. […] Il perdit des richesses médiocres, voulant en amasser d'immenses et excessives. » Aussi ne faut-il pas tuer dans l'œuf ce qui nous est substantiel.

Payer chat en poche

Régler un achat sans regarder le contenu. Jadis on vendait le greffier sur les marchés. Cet excellent chasseur de nuisibles était très prisé. Pour cela, il était mis dans une poche. Empaqueté, le petit félin était forcément très énervé. Il se débattait en miaulant très fort. Cela confortait l'idée qu'il était le suppôt du diable. C'était donc plus prudent de ne pas regarder ce qu'il y avait dans le sac : les gens avaient peur que le chat leur saute aux yeux.

Tuer un âne à coups de figues

– J'ai les plus beaux poireaux, sans engrais, sans pesticides, tout bio, tout bons ! s'égosille un marchand de primeurs du marché Raspail.
– Je vais lui rabattre le caquet, marmonne son voisin Marcel, prêt à lui voler dans les plumes.
Mais c'est tuer un âne à coups de figues.
L'autre reprend de plus belle. À l'entendre, il a mangé du lion.

À quoi ça sert ? À rien !

– J'ai les plus beaux poireaux, sans engrais, sans pesticides, tout bio, tout bons ! crie de toute sa voix un marchand de primeurs du marché Raspail.
– Je vais le faire taire, marmonne son voisin Marcel, prêt à se bagarrer avec lui.
Mais il faudrait préparer son coup et ce serait trop long.
L'autre reprend de plus belle. À l'entendre, il est agressif.

S'égosiller

Chanter de toute sa voix, comme le fait un oiseau.

Rabattre le caquet

Faire taire quelqu'un de trop bavard. Le caquet est le gloussement de la poule lorsqu'elle a pondu un œuf. On rabat le caquet à qui se vante de sa réussite.

Voler dans les plumes

Être en colère. Cette expression fait allusion aux combats de coqs. Ils étaient très prisés du XIXe siècle au début de la Première Guerre mondiale. Aujourd'hui, une loi interdit cette pratique. Les coqueleurs du Nord-Pas-de-Calais ont obtenu une dérogation, arguant de leur tradition locale ininterrompue.

Tuer un âne à coups de figues

Prévoir énormément de temps sans être sûr du résultat escompté. On peut lire dans *Astérix en Corse* : « Avoir le temps de tuer un âne à coups de figues molles. » Autant dire que, sèches ou fraîches, ces figues ne sont que balles blanches. Des coups pour rien !

Avoir mangé du lion

Être agressif comme jamais. C'est pire que manger du hérisson, qui fait ressortir nos piquants (nos piques), ou du cheval, qui nous donne des ailes comme Pégase. C'est mieux que de la vache enragée qui nous rend pauvre comme Job. Manger du lion, c'est avoir la dent dure vis-à-vis des autres devenus des proies.

Les vaches seront bien gardées

– Il faut qu'on ait un bas de laine, dit tante Myrtille.
– Il n'y a qu'à arrêter de faire des économies de bout de chandelle, répond son époux, notaire depuis vingt ans et du genre à avoir des oursins dans les poches. À partir d'aujourd'hui, c'est moi qui prends les rênes. Chacun son métier et les vaches seront bien gardées.
– C'est vrai que le pastel, cela reste mon dada, reconnaît-elle.

Chacun son job !

– Il faut qu'on fasse des économies, dit tante Myrtille.
– Il n'y a qu'à arrêter de faire des économies insignifiantes, répond son époux, notaire depuis vingt ans et d'une nature avare. À partir d'aujourd'hui, c'est moi qui dirige. Chacun s'occupe de ses affaires et tout sera pour le mieux.
– C'est vrai que le pastel, cela reste ma passion reconnaît-elle.

Avoir des oursins dans les poches

Être avare. L'oursin, de la famille des échinoïdes, est un invertébré marin dont le nom vernaculaire est évocateur : « hérisson de mer » ou « châtaigne de mer ». On l'a compris, *Paracentrotus lividus* est plein de piquants. Et s'il faut mettre la main à la poche alors qu'elle est remplie d'oursins, pas question de chercher son porte-monnaie. Ainsi, l'argent qui d'habitude n'a pas d'odeur, est sans douleur !

Prendre les rênes

Commander. Les rênes du cheval sont tenues par le cavalier qui lui seul fait avancer sa monture.

Chacun son métier et les vaches seront bien gardées

Occupons-nous de nos affaires et tout sera pour le mieux dans le meilleur des mondes. Ce dicton employé au milieu du XVIIIe siècle souligne que le métier de vacher convient à qui l'exerce avec savoir-faire. Inutile de passer la main à un notaire ou un peintre, les vaches, plus fines qu'on le croit, en profiteraient pour piétiner la clôture et prendre la clé des champs. Qui sait ? De même, le vacher serait bien empoté à authentifier un acte notarial ou à peindre un ruminant. À chacun son talent !

Avoir un dada

Avoir une marotte, une activité exercée avec passion, un hobby. « Dada » est le mot enfantin pour désigner « cheval ». D'où la comptine :
« À dada sur mon bidet
Quand il trotte il est coquet [...]
Youhh. » Le mot « dada » fait songer au dadaïsme, mouvement artistique et littéraire du début du XXe siècle, qui consiste à utiliser les objets glanés au hasard pour réaliser une œuvre d'art.

Un travail de fourmi

– Dans le bureau du patron, raconte Mimie, une chatte n'y retrouverait pas ses petits. De là à ce que l'on trouve des moutons sous l'armoire !
– Il faudrait une fée du logis, dit Alphonse.
« Lorsqu'il y a des toiles d'araignées dans une maison, il n'y a pas de fille à marier. »
– Mes amis, avec les chasse-galants au plafond, quel travail de fourmi il y a ! s'esclaffe Mimie.

Du cœur à l'ouvrage

– Dans le bureau du patron, raconte Mimie, quel capharnaüm ! De là à ce que l'on trouve des tas de poussière sous l'armoire !
– Il faudrait une ménagère, dit Alphonse. « Lorsqu'il y a des toiles d'araignées dans une maison, il n'y a pas de fille à marier. »
– Mes amis, avec les araignées au plafond, quel travail minutieux nous attend ! dit Mimie en riant.

Une chatte n'y retrouverait pas ses petits

Un grand désordre. Un capharnaüm inimaginable, car une chatte guidée par l'instinct maternel et dotée d'un sixième sens, retrouve inévitablement sa progéniture.

Des moutons

Petits tas de poussière. Accumulée, elle forme des agrégats ressemblant à la laine du mouton.

Lorsqu'il y a des toiles d'araignées dans une maison, il n'y a pas de fille à marier

Ce dicton signifie que lorsque les filles font le ménage, c'est qu'elles attendent un prétendant. Un brin obsolète !

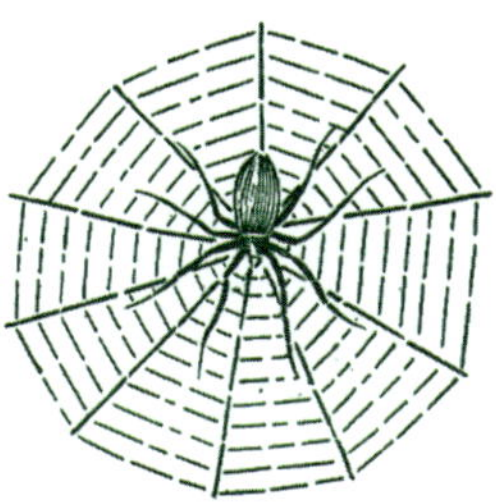

Un travail de fourmi

Un travail monumental. Cet hyménoptère œuvre sans répit. C'est l'usine : elle travaille en rangs serrés, transporte œufs et nymphes, s'occupe de la reine, nettoie le nid... Les ouvrières fabriquent le « pain de fourmi », broient les graines, qu'elles mélangent à la salive... et la bouillie est cuite. À côté d'elles, les grands soldats, tête énorme, grandes mandibules, gardent l'entrée. À l'odeur, ils reconnaissent chaque fourmi qui se pointe à la porte, touchant la tête du soldat avec ses antennes. Quant à la reine, la plus grande de la colonie, capable de vivre jusqu'à 10 à 15 ans, parfois 20, elle est la seule à pondre des œufs. Le travail, c'est la santé !

D'autres chats à fouetter

C'est une vieille fille, une vraie harpie. Lorsqu'elle s'esclaffe, elle a un rire d'hyène. Pourtant on la respecte car elle est placée près du bon Dieu. Elle va souvent au presbytère. C'est même une punaise de sacristie. Néanmoins, le curé du village a d'autres chats à fouetter.

Tellement de choses à faire

C'est une vieille fille, une méchante femme. Lorsqu'elle s'esclaffe, elle a un rire épouvantable. Pourtant elle est bien vue par les grands de ce monde. Elle va souvent au presbytère. C'est même une bigote. Néanmoins, le curé du village a autre chose à faire que de s'occuper d'elle.

Une harpie

Une femme agressive, cruelle. La divinité grecque, tête d'oiseau et corps de femme, est destructrice. Dans la nature, *Harpia harpya,* puissant rapace diurne d'Amérique centrale et d'Amérique du Sud, possède une griffe de 6 centimètres de long. La harpie s'empare de lourdes proies : paresseux, singes-araignées, singes hurleurs, opossums, iguanes verts, perroquets aras. L'espèce n'existe plus à l'état sauvage.

Un rire d'hyène

Un rire affreux. Dans la savane, après avoir trouvé un cadavre à déchiqueter, ce charognard pousse un cri sardonique qui retentit dans la nuit. En Afrique, l'hyène est l'amie des sorciers.

Une punaise de sacristie

Une bigote. Comme le parasite, elle semble accrochée à la robe du clergé.

Avoir d'autres chats à fouetter

Avoir autre chose à faire. Au XVIe siècle, on discit « être éveillé comme un chat qu'on fouette ». Cette expression fait froid dans le dos car cette pratique ailurophobe était répandue. Le greffier était le bienvenu dans les greniers où il chassait les rats. Mais s'il pénétrait dans la maison, on l'expulsait d'un coup de fouet. Et s'il sortait par la fenêtre, un autre chat entrait par la porte.

S'ennuyer comme un rat mort

Queue-de-cheval et collier de chien, madame Meunier est de toute beauté à l'aube printanière. Elle donne une réception à la campagne. Voilà qui délie les langues.
– Quand le chat n'est pas là, les souris dansent, disent les voisins d'un air complice.
– Faut mieux ça que de s'ennuyer comme un rat mort, ajoute René en se marrant comme une baleine.

Mourir d'ennui

Coiffée d'une queue-de-cheval et parée d'un collier de chien, madame Meunier est de toute beauté à l'aube printanière. Elle donne une réception à la campagne. Voilà qui fait parler.
– Le mari absent, c'est la liberté ! disent les voisins d'un air complice.
– C'est mieux que de se languir éternellement, ajoute René en pouffant de rire.

Queue-de-cheval

Coiffure qui consiste à attacher ses cheveux à l'arrière au milieu de la nuque. Le balancement évoque la queue du cheval, lisse, souple et gracieuse.

Collier de chien

Parure de femme en forme de collier de chien, entourant la base du cou. Chez le meilleur ami de l'homme, c'est le symbole de la domestication. Lorsque le chiot apprend à obéir, il porte un collier. On y accroche la laisse, courroie de transmission de nos quatre volontés. Pour la femme, nous parlons de parure, rien d'autre !

Quand le chat n'est pas là, les souris dansent

En l'absence du chef, relâche ! Au XVIe siècle, on disait : « Là où le chat n'est, souris s'y révèle. » *Felis catus* lorsqu'il joue les déserteurs met le rongeur à son aise, qui trottine, danse avec les livres et ronge à loisir.

Se marrer comme une baleine

Rire à gorge déployée. En langage populaire, on dit : « se bidonner ». Si le dauphin esquisse un sourire, la baleine semble rire, avec son énorme bouche ouverte lorsqu'elle avale le krill – le plus gros mammifère marin de la planète se contente de minuscules crevettes – ou s'adonne au chant.

S'ennuyer comme un rat mort

Se languir pour l'éternité. Quel loisir pour un cadavre de rat ?

VIE QUOTIDIENNE

Reprendre du poil de la bête

Assise devant la télé, Ursula a des fourmis. À peine levée, elle plume son renard. À table, elle a une faim de loup alors qu'on lui connaissait un appétit d'oiseau !
Peter croit lever un lièvre. Serait-elle enceinte ? Il en est tout chose.
« C'est peut-être… mrrrrrrrumrumrum », dit-il avec un chat dans la gorge.
Ma parole, songe Ursula, il a une araignée au plafond.

Avoir des fourmis

La conférence sur le climat était longue comme un jour sans pain. Assis depuis belle lurette, on avait des fourmis. On alla se mettre au vert dans le parc. On jouait au loup puis à chat perché dans les arbres. Andrew répétait comme un perroquet : « Il va pleuvoir ce soir ! » On croyait lire *Le Chat de Babaud Monier* de Jean Lorrain.

Assis et engourdi

La conférence sur le climat était interminable. Assis depuis des heures, on était engourdis. On alla se détendre les jambes dans le parc. On jouait à s'attraper puis à grimper dans les arbres. Andrew ne cessait de dire : « Il va pleuvoir ce soir ! » On croyait lire Le Chat de Babaud Monier *de Jean Lorrain.*

Avoir des fourmis

Avoir la sensation de picotements dans les pieds ou dans les mains. Cela provient du blocage de la circulation sanguine dû à l'absence de mouvement. La référence à la fourmi n'est pas tout à fait exacte : cet insecte de l'ordre des hyménoptères ne pique pas. À l'aide de ses mandibules, la fourmi mord la peau. Et de sa glande à venin, reliée à l'abdomen, elle éjecte une sécrétion composée d'acide formique… brûlante.

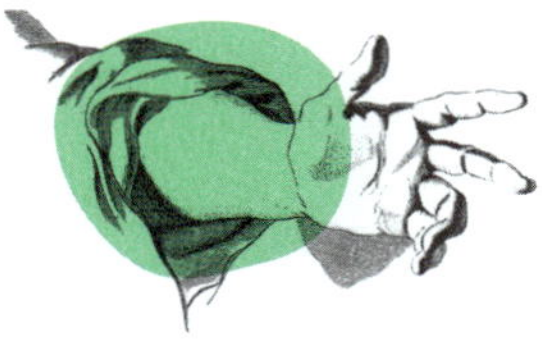

Jouer au loup

Jeu d'enfant que l'on pratique en cour de récréation. Comme pour jouer à chat, on s'attrape furtivement mais en poussant un cri « hou ».

Chat perché

Ce jeu consiste à poursuivre le joueur et à l'attraper avant qu'il ne se perche, comme le fait un chat agile et réactif, s'esquivant en sautant sur un arbre ou une étagère.

Avoir un chat dans la gorge

Dring, dring !!!
Rickie décroche le combiné.
– Hrrrrhrrummrum !
– Sauf votre respect, vous avez un chat dans la gorge.
Rickie a un mal de chien à éclaircir sa voix, ce qui lui déclenche une toux pas piquée des hannetons.
– En buvant une tisane de pied-de-chat, vous reprendrez du poil de la bête !

Rickie est enroué

Dring, dring !!!
Rickie décroche le téléphone.
– Hrrrrhrrummrum !
– Sauf erreur et sans vouloir vous offusquer, vous êtes enroué.
Rickie tant bien que mal se racle la gorge, ce qui lui déclenche une véritable toux.
*– En buvant une tisane d'*Antennaria dioica*, vous serez guéri.*

Avoir un chat dans la gorge

Être enroué. Ailleurs on dit « avoir une grenouille dans la gorge ». Le mot chat équivaut à « matou », déformé de « maton », qui désignait le lait caillé – ici les glaires qui empêchent d'avoir la voix claire. L'expression avec le chat est autrement poétique.

Un mal de chien

Souffrir, faire de gros efforts sans parvenir à ses fins. Vieille époque où l'on voyait le chien d'un mauvais œil, on le considérait comme un animal méchant.

Pas piqué des hannetons

Absolu, sans défaut, net. Référence est faite au hanneton dont la larve détruit les plantes en les dévorant par la racine : du travail de pro !

Une tisane de pied-de-chat

La plante *Antennaria dioica* ressemble aux coussinets placés sous le pied du chat. Elle est encore appelée patte de chat, herbe blanche, mil de chien, immortelle dioique.

Reprendre du poil de la bête

Se remettre d'une maladie. Pour panser sa blessure après avoir été mordu par un chien ou un renard, on devait lui arracher une touffe de poils. Guérir le mal par le mal !

Une faim de loup

La boulangère a mangé du cheval. Elle étale sur des plateaux des tonnes de langues de chat. Elle en donne une à Hugo qui a une faim de loup. Il nous a pourtant dit qu'il était malade comme un chien. Impossible de le rassasier ! La boulangère a du pain sur la planche, car il est sourd comme un pot, sachant que « ventre affamé n'a point d'oreilles ».

Un appétit énorme

La boulangère déploie une force inouïe. Elle étale sur des plateaux des quantités incroyables de pâtisseries appelées langues de chat. Elle en donne une à Hugo littéralement affamé. Il nous a pourtant dit qu'il était souffrant. Quel appétit ! La boulangère a du travail pour le nourrir, car on ne peut rien entendre tant qu'on a le ventre vide.

Avoir mangé du cheval

Déployer une énergie inhabituelle. Hippophages, les Huns, Mongols, Amérindiens étaient imbattables. Une vraie bête noire pour leurs adversaires ! Le pape Grégoire III, en 732, interdit cette « pratique abominable » qu'est la consommation de viande de cheval. Celle-ci représente 2 % de la marchandise dans les boucheries. N'a-t-on pas affaire à « la plus belle conquête de l'homme » ?

Avoir une faim de loup

Être affamé. *Canis lupus* a la réputation d'être vorace. Sa faim légendaire a alimenté bon nombre de contes et légendes, à commencer par *Le Petit Chaperon rouge* de Perrault. Déguisé en mère-grand, il dévore la fillette. En vérité, le loup se contente de la chair des animaux malades, blessés ou affaiblis. Il fait le grand ménage dans la nature.

Une langue de chat

Pâtisserie fine, plate et arrondie comme la langue du petit félin. De quoi faire saliver !

Malade comme un chien

Dans un état pitoyable. Le chien fut associé au pire, dans des situations négatives et avilissantes, et aussi malade à crever.

Un appétit d'oiseau

Après avoir jeté l'argent par les fenêtres,
elle fut bien obligée de se serrer la ceinture.
– Une crevette ! murmurait-on sur son passage.
Elle avait un appétit d'oiseau. Le problème
est qu'elle finissait par être de mauvais poil.
– Vous n'auriez pas mangé du hérisson ?
lui lança une vieille pie mauvaise comme la gale.

Même pas faim !

Après avoir gaspillé et dépensé sans compter, elle fut bien obligée de faire des économies et de se priver.
– Une fille bien maigre ! murmurait-on sur son passage.
Elle ne mangeait presque rien. Le problème est qu'elle devenait très peu aimable.
– Vous ne seriez pas de fort mauvaise humeur ? lui lança une mégère bien connue pour ses piques méchantes.

Une crevette

Quelqu'un de fluet, très maigre. La comparaison avec ce crustacé de quelques grammes est intéressante.

Avoir un appétit d'oiseau

Picorer, manger très peu. Cette expression n'est pas vraiment proche de la vérité. Elle est du même registre que « faire une toilette de chat ». Cela dénote une méconnaissance du comportement animal. Un oiseau de 330 grammes, comme par exemple la chouette effraie, consomme 100 grammes par jour mais picore et fait plusieurs repas. Un homme de 60 kilos qui consommerait 20 kilos de nourriture par jour, passerait pour un ogre !

Être de mauvais poil

Être de mauvaise humeur. Au XVIe siècle, « changer de poil », voulait dire changer de caractère. Chez l'animal, le poil reflète l'état de santé et l'humeur. Par exemple, le chat hérisse le poil lorsqu'il est de mauvais poil, c'est-à-dire en colère.

Une vieille pie

Une mégère. Il s'agit d'une femme acariâtre et méchante. Son bavardage de pie nous casse les oreilles et l'adjectif « vieille » est toujours adéquat lorsqu'il s'agit d'en remettre une couche.

Transpirer comme un bœuf

– Glaglagla, par ce temps de chien, j'ai attrapé une fièvre de cheval ! dit Gilles.
Depuis la panne de chauffage, il est alité, la couverture jusqu'au menton. Tantôt il est transi, tantôt il transpire comme un bœuf. Élise lui apporte un bouillon d'oreilles d'âne. Il l'avale d'un trait. Un vrai remède de cheval.
– Merci ma biche, tu es une vraie mère poule pour moi !

Malade à crever

– Glaglagla, par ce temps exécrable, j'ai attrapé une fièvre violente, dit Gilles.
Depuis la panne de chauffage, il est alité, la couverture jusqu'au menton. Tantôt il est transi, tantôt il est en sueur. Élise lui apporte un bouillon de plantes. Il l'avale d'un trait. Un remède rapide et efficace.
– Merci ma douce, tu es une vraie mère pour moi !

Transpirer comme un bœuf

Avoir de grandes suées. Le bœuf attelé à une charrue en plein soleil a la peau luisante.

Un bouillon d'oreilles d'âne

Bouillon de consoude officinale. *Symphytum officinalis,* aux vertus antianémiques, possède de longues feuilles pointues et couvertes de poils qui lui valent le surnom d'oreilles d'âne.

Un remède de cheval

Un remède puissant qui convient à une fièvre de cheval et dont les doses sont évidemment proportionnelles à la taille de l'équidé.

Ma biche

Terme affectueux. Tête fine et allongée avec de grands yeux doux. Tendre et sensible, elle suscite douceur et protection.

Une mère poule

Une femme hyperprotectrice à l'égard de sa progéniture. Ainsi se conduit la poule envers ses poussins qu'elle garde sous son aile, bien à l'abri.

Plumer son renard

Fasciné par les yeux de biche d'Anne-Marie qu'il appelle gentiment « Ma gazelle », Jimmy a mis la charrue avant les bœufs. Il invite sa belle à manger de la souris d'agneau avant même de connaître son prénom. Dans l'attente, Anne-Marie a la moutarde qui lui monte au nez. Mal à l'aise, elle plume son renard.

Gloup, trop mal au cœur !

Fasciné par les doux yeux d'Anne-Marie qu'il appelle gentiment « Ma gazelle », Jimmy n'a pas respecté l'ordre des choses. Il invite sa belle à manger de la souris d'agneau avant même de connaître son prénom. Dans l'attente, Anne-Marie se fâche, et mal à l'aise, elle vomit.

Des yeux de biche

Des yeux tendres, énamourés. La femelle du cerf *Cervus elaphus* a de grands yeux de velours. Inoffensive, elle est d'autant plus attendrissante que ses yeux sont soulignés d'une fente où affleure le larmier.

Une gazelle

Terme utilisé pour une personne gracieuse et véloce. Le mot persan *qazâl* signifie « élégante et rapide ». Cet antilopiné aux longues jambes, qui ne dépasse pas 60 kilogrammes, fait des bonds gracieux et peut atteindre une vitesse de 100 km/h sur une distance de plusieurs centaines de mètres.

Mettre la charrue avant les bœufs

Ne pas faire les choses dans l'ordre. Vouloir terminer quelque chose avant d'avoir commencé. Selon la logique, on met les bœufs d'abord, puis on les attelle à la charrue.

La souris d'agneau

Partie du gigot d'agneau réputée pour sa chair tendre.

Plumer son renard

Autrement dit, vomir. On dit aussi écorcher son renard. Cette expression surprend car on ne plume que la volaille, et non un animal doté d'un pelage. Il faut se référer au travail des pelletiers. Ils dépouillaient le renard en retournant la peau jusqu'à la queue afin de faciliter le séchage. La queue sortie de la gueule de *Vulpus* donnait l'impression qu'il vomissait son fouet.

Une araignée au plafond

– Ma tante me prend la tête, se plaint Félix, entouré de ses copains. Elle est vraiment spéciale. Une vraie pie-grièche !
– Comment ça ?
– Elle cherche la petite bête et, en plus, elle est très à cheval sur les principes, ça me soûle. Quand je la vois, j'ai la tête comme une cafetière et je vais finir par avoir une araignée au plafond.

Félix devient zinzin

– Ma tante me rend fou, se plaint Félix entouré de ses copains. Elle est vraiment spéciale. Une femme aigrie qui fait des histoires !
– Comment ça ?
– Elle est méticuleuse et, en plus, elle est exigeante sur les principes, ça me soûle. Quand je la vois, j'ai la tête qui bout et je vais finir par devenir zinzin.

Une pie-grièche

Femme querelleuse et aigrie. Allusion est faite à ce passereau de la famille des lanidés qui a la particularité d'empaler ses proies agonisantes à une branche épineuse. Au secours !

Chercher la petite bête

Être méticuleux, ne pas laisser passer la moindre erreur. Cette expression est attestée en 1874 par Jules Barbey d'Aurevilly. Fait-on référence à la quête des morpions chez les singes qui s'épouillent afin de tisser le lien social ? Cela occupe les primates – dont nous faisons partie – de longues heures durant.

Être à cheval sur les principes

Être exigeant, pointilleux. L'expression est citée dans la version de 1832 du *Dictionnaire de l'Académie française.* « Être à cheval » implique de guider sa monture, les jambes enserrant les flancs. Le cavalier est très attaché à son cheval qu'il dirige pour éviter la débandade. Ainsi est-on attaché aux principes, à l'éducation, etc.

Avoir une araignée au plafond

Être dérangé mentalement. Pourquoi l'arachnide à cet endroit ? Le crâne est comparé au plafond. Si une araignée y tisse sa toile, c'est sans doute que l'on n'y passe pas le chiffon. Et sans mise en ordre, le cerveau est bien dérangé.

INDEX & BIBLIOGRAPHIE

Index

Vie active

Argent

Affaires

Activités

Jeux

Oisiveté

Inutile

Personnages

Portraits

Clichés

Traits physiques

Vêtements

Comportement

Jugements

Agissements

Attitudes

S'exprimer

Lutte, guerre et paix

Atmosphère

Ambiance

Odeurs

Humeurs

Vie quotidienne

À table

Santé

Lieux

Le temps

Dans la nature

Entre terre et ciel

Bibliographie

Livres

La Puce à l'oreille
Anthologie des expressions populaires avec leur origine,
Claude Duneton,
Le livre de poche, 1990.

Dictionnaire du français non conventionnel,
Jacques Cellard et Alain Rey,
Hachette Littératures, 1991.

Sauter du coq à l'âne
Petite anthologie des expressions animalières,
Georges-François Rey,
Albin Michel, 2008.

Dictionnaire des expressions et locutions,
Alain Rey et Sophie Chantreau,
Le Robert, collection « Les usuels », 2009.

Les 1 001 expressions préférées des Français,
Georges Planelles,
Les Éditions de l'Opportun, 2011.

Donner sa langue au chat et autres expressions animalières
Sylvie Baussier et Pierre Beaucousin,
Mango-Jeunesse, collection « Le théâtre des mots », 2006.

Sites Internet

www.expressio.fr
www.mon-expression.info
www.francparler.com
www.languefrancaise.net/bob

Biographie

Brigitte Bulard-Cordeau a été rédactrice en chef de *Animal Junior, Mon animal, Animal magazine, Chat magazine.*

Elle est l'auteur de *Les Chats en 300 questions/réponses* chez Delachaux et Niestlé. Ses ouvrages récents aux éditions du Chêne sont *Une bonne raison par jour d'aimer les chats, Le Petit Livre des chats, Le Grimoire enchanté, Les Rêves porte-bonheur.*

Responsable éditoriale : **Juliette de Lavaur**
Suivi d'édition : **Françoise Mathay** assistée de **Marion Dellapina**
Directrice artistique : **Sabine Houplain** assistée de **Audrey Lorel**
Réalisation graphique : **Amaury de Saint Chamas**
Relecture-correction : **Tiphaine Diaconu**
Fabrication : **Marion Lance**
Partenariat et ventes directes : **Claire Le Cocguen**
clecocguen@hachette-livre.fr

www.editionsduchene.fr

Édité par les Éditions du Chêne
(43 quai de Grenelle, 75905 Paris Cedex 15)
Imprimé par Unigraf SL (Av Camara de la Industria
Poligono Industrial N1, Mostoles Madrid, Espagne)

Achevé d'imprimer en avril 2012
Dépôt légal : mai 2012
ISBN 978-2-81230-620-4
34/8512/5-01

Dans la même collection :